これで失敗しない！

介護事業の
経営・運営ノウハウ

人事・財務・危機管理・マーケティング・認知症対応 etc.

監修
株式会社日本ケアコミュニケーションズ
（NDソフトウェアグループ）

編著
高頭晃紀・小松浩一・佐藤裕二

協力
福祉ビジネス研究会

同友館

まえがき

　「事業に失敗する」とは、どういうことでしょうか。端的に言ってしまえば、「事業の継続ができなくなる」ことです。事業を経営・運営していくことは、小さな成功、小さな失敗、大きな成功、大きな失敗を積み重ねていくことですが、小さな失敗が連続する、あるいは大きな失敗で事業を継続することができなくなれば、その事業は完全に失敗したことになります。

　「介護は別だから」、「介護は利益を追求してはいけない」など、介護事業の特殊性がよく言われます。それぞれの意見に反対するつもりはありませんが、介護事業といえども事業の一つです。小売業や金融業、製造業と何ら変わらず、小売業も金融業もそれぞれ特殊な事業と言えるでしょう。

　そして、事業が次のような事態に陥れば、事業の継続は困難あるいは不可能であり、事業に完全に失敗したことになります。もちろん、介護事業も例外ではありません。

- ・資金面で行き詰まり、給与や経費の支払いができなくなった、あるいは借入金の返済ができなくなった。
- ・極端な人手不足で、生産やサービスの提供ができなくなった。
- ・法令に違反し、事業の継続を公的に禁じられた。
- ・何らかの理由（地域の人口減少や不祥事など）により急激に顧客が減少した。
- ・自然災害などにより、人員、設備などが稼働できなくなった。

　多くの場合、完全な失敗（事業の継続ができない状態）に至るまでには、より小さな失敗の積み重ねがあります。例えば、資金面が完全に行き詰まるまでには、赤字が毎年出ていて、その原因は売上不振か過剰経費であることが多いでしょう。

　介護事業でよく耳にするのは、人手不足による売上不振で苦境に陥る場合

です。人手不足は、「採用できない」、「補充できない」のいずれか、あるいは
両方によって起こります。人材が採用できない理由として、次のようなもの
が考えられます。これらはすべてミス＝失敗です。

・採用ルート確保（学校、ハローワーク、広告媒体）などの戦略ミス
・給与水準の見劣り
・福利厚生面での見劣り

　ハインリッヒの法則が示すように、重大な危機・失敗の背景には、中程度
の危機・失敗、軽微な危機・失敗が潜んでいます。日常的な経営や運営を円
滑に行い、リスクに備え、小さな失敗から学び、改善を繰り返していくこと
が、大きな失敗を防ぎ、事業に成功する王道です。

　「事業経営に関しては、前もっての正解（必勝法）はないが、セオリー（理
論、学説）はある」というのが編著者の考えです。ですから、本書に書いて
あることを実践しても、すべての失敗が防げるわけではありません。本書と
は違う考えを持つ人も多いと思います。本書は、セオリーないしはセオリー
のアイデアとして、各著者や事業所が実践してきたノウハウと考え方を紹介
しているものです。

　貴法人の経営・運営の参考になれば幸いです。

2020年6月

編著者代表　高頭晃紀

目　次

●第Ⅱ部●
介護事業経営の課題に正しく対処しましょう

●第Ⅲ部●
今どきの介護、これからの介護

目　次

第 I 部

事業経営の基本から
介護事業経営を考えてみましょう

第1章 | 事業経営の基本

1　経営の素人が事業にかかわるのは危険です

　大変失礼な言い方になりますが、世の中には明らかにセオリーに反した経営をなさる一群の経営者がいます。もちろん成功し、それが継続すればいいのですが、多くの場合、最初から行き詰まる、一時的な成功に終わるなどの結果になってしまいます。

　その原因は、やはり経営ノウハウ、理論への無知あるいは軽視と言えるでしょう。実際、事業経営（商売、金もうけ）は、はるか昔から多くの人が挑戦し、成功や失敗事例を残してきた分野です。その歴史の中で、時代や環境とともに経営手法も変化してきており、それに対する分析・研究が積み重ねられています。

　経営には、究極の理論＝絶対成功する方法というものは（まだ）ありませ

んが、医師が医学について専門知識が必要なように、経営者は経営についての専門知識があったほうがいいに決まっています。

　特に介護事業の場合、介護についてのスキルが高い人が、運営・経営サイドになり、運営・経営に関する専門的知識なしに、見よう見まねで運営・経営をしてしまう場合があります。介護事業においては、そもそも管理職についても同様の傾向があり、マネジメント手法を体系的に学習せずに、自分の上司のスタイルをまねるくらいしか方法論がない場合があります。経営にしてもマネジメントにしても、基礎的なものから専門的なものへ知識を深めていったほうが、より良い実践ができることは言うまでもありません。逆に、専門知識なしに経営・マネジメントを行うことは、危険と言っても過言ではないでしょう。

　本章では、経営の基本的知識について、おさらいをしておきます。

2　「経営」と「運営」は別モノですが一体です

　近年、大きめの企業では、CEO（最高経営責任者）とCOO（最高執行責任者）を分ける考えが普及しています。これは、経営と業務執行（運営）を分離し、担当と責任を明確にするための措置と考えられます。

　それでは、経営とは何なのか、運営とは何なのか。具体的にどう違うのでしょうか。ここでは、次のような考えを採用します。

　●経営の役割：経営資源を調達、分配する

　●運営の役割：分配された資源を運用して事業を営む

　すなわち、経営陣の役目は、業務執行に必要な資源（ヒト・モノ・カネ：後述）をどこからか持ってきて、業務を行っている現場に配ることです。そして、運営（業務執行している現場）の役目は、与えられた資源を用いて、業務を行っていくことです。もちろん、両者は綿密に連携していくべきですが、事業規模が大きくなった場合、経営上層部にとって、両者をともに行う

負荷が許容量を超えるため、分離してそれぞれに専念することが合理的という判断が生まれます。

　事業規模が小さければ、両者の役割を兼務することが可能でしょうし、そのほうが望ましいことも多くあります。しかし、経営と運営は一体化しつつ、別のことである（違う観点から判断するので、別の判断がなされる場合もある）ことは、理解しておかなくはいけません。

　身近な例で言えば、業務をスムーズに回すために必要なモノが、経営上の判断から導入を見送られるような場合があるということです。

3　三つの経営資源（ヒト・モノ・カネ）の調達と分配が経営の根幹です

（1）経営資源とは（ヒト・モノ・カネ）

　経営資源は、ヒト・モノ・カネの三つと言われます。

　ヒトとは、職員であり、事業のために働いてくれる人たちです。必要なスキル・能力を持った人が必要な数だけいて、事業を担ってくれることが望ましいのは、言うまでもありません。

　モノは、事業を行うために使う土地や建物から、パソコンや文房具などの備品にいたるまでのすべてを指します。これらが欠乏していれば、優秀な人材がいても実力を発揮できません。

　カネは、もちろん事業資金のこと。職員を雇い、給料を払い、モノを買い、支払いするためにはお金が必要です。

（2）経営者の第一の役割とは

　経営の役目の第一は、この三つの用意・調達です。そして、調達する場合のポイントは、量と質の適正化にあります。

　一般的に量だけに目を向けがちですが、ヒト・モノ・カネのそれぞれに質があります。ヒトの質はわかりやすいでしょう。業務執行能力が高く、組織

に親和的であれば、絶対的な質が高いと言えます。費用対効果の観点からは、安価で良質なヒト（労働力）が望ましいのですが、昨今では、そのような労働力調達は困難です。

　モノの絶対的な質とは、その時点での実際的な業務支援能力です。スペック（性能）が高ければ質が高いと考えがちですが、往々にして現場では高スペック故に使えないという事態が起きます。IT機器導入の際に、よく起こることです。

　カネの質とは、返済の要否と調達コストのことです。単純に言えば、

　①返さなくてもいいカネ

　②すぐには返さなくてもいいカネ

　③すぐ返さなければいけないカネ

の順に質が高いと言えます。また、②③の場合は、金利が低いほど、質が高くなります。

　返さなくてもいいカネとは、一般的には自分の懐から出るカネ（自己資本（資本金と利益））のことですから、利益をあげるというのは、非営利法人にとっても重要なことになります。

　現場は三つの資源を使って事業運営をしていくので、調達の量と質は、現場とよく詰める必要があります。また、経営資源の分配は通常、経営戦略に基づいて行われます。

　一般的には、運営現場からの資源要求は過大になる、あるいは経営からは過大に見える傾向があります（良い悪いの問題ではありません）。そこで、資源の適正配分が求められるわけですが、その根拠に現場の納得性、現場への説得力がなければ、経営と運営現場の乖離を生みます。端的に言えば、現場に本当に必要十分である（とコンセンサスがとれた）ヒト・モノ・カネを、適切なタイミングで現場に届けることが、運営現場が期待している経営の役割です。

（3）経営の目的（営利事業：利益、非営利事業：公益）

　経営の役割はそれだけではありません。株主や顧客が期待しているものは別にあります。株主は利益分配を期待していますし、顧客は事業全体の責任を経営に求めているのです。

　経営とは、三つの資源の調達と分配（「やりくり」と言うとわかりやすいと思います）を通じて、営利事業であれば利益を、非営利事業であれば事業目的を達成することを通じて公共の利益を目指すものです。

　ヒトの調達については、本書第4章、モノの調達については第8章、カネの調達については第5章で触れています。

4　事業経営には「経営理念」と「戦略」が必要不可欠です

（1）経営理念の役割 ── 組織メンバーを一体化する

　一般的に、経営には理念が重要と言われています。なぜならば、企業理念・法人理念とは、企業や法人を一人の人格としてとらえたときに、その人のあり方や人となりを表すものだからです。

　もちろん、事業体というのは現実の個人の集合体であり、一つの人格を持っているとは言い難いのですが、その評価は一個の人格として扱われます。端的な例では「あの会社はブラックだ」、「あの会社はサービスが良い」というようなケースです。正確に言えば、部分の評価でしかないはずですが、全体を一個として見られます。

　複数の個人の集合体である法人を一つのものとするのが理念です。ただし、理念を決めたからといって、それが法人のあり方と合致するわけではありません。「われわれはこのようにありたいと願っている」というのが、理念の本来の姿です。

　人は、こうありたいと願っていても、その場の事情や都合で、願う姿とは違う行動をとることがあります。企業や法人も同様です。普段標榜している

あり方と実際の行動に差があれば、信用を失うのも実際の人と同様です。法人の場合、内部の社員や職員がまず信用しなくなるのが個人とは違う点です。

（2）経営理念の実践 —— 利害関係者からの信頼

　したがって、理念とその実践、実現は、一義的には関係者（ステークホルダー）との信頼に関わるものとなります。企業の存続にとって、顧客・従業員・株主などのステークホルダーのロイヤリティ（忠誠心、その企業に対する愛着）は、何よりも重要なものです。

　顧客を大事にするという理念のもとで、顧客をないがしろにするような施策、判断が恒常的に行われていたり、従業員を大事にする社風だと経営陣が言っておきながら、従業員に不利な制度があったとしたら、関係者は不信を抱くでしょう（ブラック企業と風評が立てば、従業員だけでなく、顧客や株主も離れていきます）。

　経済活動の実態は、競争・闘争の様相を帯びています。ビジネスや経営が戦争や軍隊に例えられることが多いのは、故なきことではありません。生存をかけた競争、闘争下では、われわれはともすれば、生き残るためには何でもありという判断をしがちです。このような場合に、理念は行動指針のもとになって、事業体が良き社会構成員としての振る舞いをするための歯止めとなります。

（3）介護事業の理念としての「社会的使命」

　現実的には、介護事業の場合は、理念（ビジョン）よりも、使命（ミッション）に基づく運営をめざすほうが、わかりやすいでしょう。

　一般的に期待されている介護の使命は、次の四つです。

・利用者の健康を守る
・利用者の安全を守る
・利用者のQOLの向上を図る
・利用者の自立を支援する

　これらを職員同士で強く意識し、共有することで、日々の運営のレベルは劇的に向上することでしょう。

（4）使命・理念・戦略の関係

　これらの使命を実現する方法が戦略であり、使命を実現した状態が理念（ビジョン）とも言えます。具体的には、事業の目的、使命を実現するための用意、準備、企画、計画、思惑などが戦略になります。

　戦略で最も大事なことは、勝利条件を決めることです。どうなったら、勝利＝成功なのかを、あらかじめ決めなくてはなりません（もちろん、変更はありえます）。例えば、地域のために利益率は多く求めず、地域への還元に注力するのか、株主利益を重視して、一定程度の配当を確保するのかなどを決めるのです。

　一般的には、まず目標利益率、目標利益額を決定し、そのためにどういう手段をとるのか検討し、その計画を作成するのが戦略策定になると理解してください。

5　運営のあり方とやり方を考えましょう

（1）「行動指針」の決定

　おおむね、戦略が策定できたら、それを実現する過程に入ります。この際に必要なのが、行動指針と戦術です。

　行動指針は、実際の業務遂行にあたって、どのような行動をとるのかを判断する場合のよりどころとなるものです。

　介護の場合、医療や教育と同様、利用者の利益と利用者の希望は矛盾することがあります。利用者の希望が健康志向的であれば良いわけですが、必ずしもそうであるとは限りません。糖尿病でカロリーコントロールが必要な利用者の希望が、「毎日お腹一杯甘いものを食べたい」だった場合や、極論「早く死なせてくれ」という希望を出されたときに、それに安直に従う、叶える

わけにはいかないからです。

　そこまで極端でなくとも、風呂に入りたがらない利用者をどうするかに、現場は日々頭を痛めています。

　顧客利益と顧客満足の両立、バランスをどうするかについて、事業所の一定の方針、指針がなければ、職員は自信を持って業務にあたれません。

（2）「戦術」の検討・決定

　さらに、そのような行動指針のもと、使命を実現し、戦略を達成するための戦術が必要です。採用を例に考えれば、どんな人を採用するのか（パート、正規職員、派遣社員、男性、女性、経験者、未経験者など）、どの程度の費用をかけるのか（採用広告費、給与水準など）を決めるのが戦略になります。

　採用戦略を受けて、どのような活動を行うのかが採用戦術です。「女性の短時間パート（週2回）程度の人材が欲しいので、近隣へのポスティングを行おう」、「新卒の将来の幹部候補を採用したいので、学校とのパイプを深めよう」などというものです。

　個々の領域別の戦略、戦術の考え方については、第Ⅱ部で触れています。

6　本当の意味で強い事業体をめざしましょう

（1）環境適応と事業継続

　事業体が事業を継続させていくためには、環境の変化に合わせて自らを変化させていく必要があります。

　変わらずあるためには、変わり続けなければならないのです。例えば、自動車の車種は同じカローラやクラウンであっても、モデルチェンジにより別のものになっています。しかし、カローラ、クラウンというアイデンティティは変わらずにあります。

　極論すれば、目的を達成し続けるには、理念も戦略も行動指針も戦術も、変化を余儀なくされるのです。それらは「適応」と呼ばれるべきでしょう。

戦略や戦術は、時代や環境の変化に合わせて変えていく必要があるのです。

（2）事業の「規模」と事業の「強弱」

わが国は、人類が経験したことがない少子高齢化に直面しています。とはいえ、首都圏を中心とする都市部と地方都市、また過疎地などで、事情はまったく違います。

介護事業は、地域密着の地場産業の色合いが非常に強い業種です。全国展開している企業であっても、運営内容も事業規模も地域の影響を受けざるをえません。高齢者人口も労働人口も減少が見込まれる地域であれば、事業を将来的にどうするか、縮小・撤退までを視野に入れるのか、採算的に厳しくても地域貢献として続けていくのかという判断が求められます。

介護事業に限らず、多くの企業・法人での失敗例に、急激な拡大、事業展開により水膨れをして、大きくはなったが「弱い事業体」になってしまった場合があります。

弱い事業体には、次のような兆候が表れています。

・モラル・モチベーションが低い職員が多い。

・財務的に不健全である（過大な有利子借入れなど）。

・運営システムが拡大に追いつかず、業務がスムーズに進行しない。

事業規模の拡大は、売上、利益の拡大や一層の社会貢献に利することは言うまでもありませんが、ただ大きいだけでなく、健全で強い事業体をめざすべきです。

7　事業経営は持続しながら向上させるものです

（1）変化し続ける環境への適応

事業経営を永続させるためには、変化する環境に適応していかなくてはなりません。変化した環境に適応できなければ、事業の継続は不可能になります。環境に適応するとは、次のような変化を理解し、実践に取り入れていく

コラム　話題の取り組み1
村内通貨で遊ぶカジノのあるデイサービス

　IR法案が成立したあと、汚職問題もありカジノの設置是非が話題になっています が、カジノのあるデイサービス「夢のみずうみ」の話をご紹介します。

　子どもも大人も高齢者もゲームは大好きです。特に高齢者はゲームをすると脳の血流が活発になり、認知症予防になると言われています。また、カジノ（賭け事）はゲーム参加の動機づけになります。

　「夢のみずうみ」には、村内通貨「YUME」があり、毎日の生活の中で稼ぐことができます。職員の手を借りない、目標を立ててリハビリをする、内職、職員の手伝い、施設の案内…いろいろな稼ぎ方があります。そして、カジノでゲームをするのはハラハラやドキドキを増幅させます。この醍醐味をデイサービスで味わえるのです。

　皆さんの事業所で村内通貨を発行するのはハードルが高いかもしれません。そこで、地域の商店街との連携を考えてみてはどうでしょうか。地域通貨があればそれを利用して、事業所のイベントと組み合わせれば、地域への貢献につながるかもしれません。地域の皆さんに、ボランティアもお願いしたいですね。

ことです。

- ・利用者・顧客ニーズの変化
- ・法的・制度的変化
- ・社会通念の変化
- ・労働条件の変化

　環境に適応しながら、戦略・戦術を見直していくためには、これらの変化を予測して、計画を立て、それを実践し、結果・成果を評価して、次の対応を考えていく必要があるのです。

（2）成功体験の呪縛

「今までうまくいっていたんだから、変える必要はない」

「去年はこんなに利益が出せた。今年もこのやり方でいこう」

こうした考えが間違っているわけではありませんが、もし今までと環境＝前提条件が変わっているとしたら、大変危険な考えとも言えます。

特に注意が必要なのが、勝利条件で設定した利益率、利益額が達成できたとしても、それが持続的なものとなっているかどうかです。たとえ、利益があがったとしても、職員の離職率が高止まりしているようでは、来年度の利益は到底見込めません。

介護事業の場合、デフレ型モデル（安価な労働力を前提とした経営モデル）で急成長し、現在苦しんでいるところが多く見られます。成功の呪縛から脱却することが、適応と言えるのです。

8　ピンチはチャンス…失敗を許容し、体質強化につなげましょう

（1）失敗から学ぶ

介護事業に限らず、すべての事業は、必ず失敗を中に含んでいます。このことは、前提として戦略・戦術に織り込んでおくべきです。すべてがうまくいかないと勝利・成功できないのであれば、その戦略・戦術は使いものにはなりません。

ミクロの目で見れば、現場が困難・障害を克服していく過程には、数えきれない失敗、ミスが含まれています。また、マクロの目で見ても、将来予測が外れたり、経営上の判断ミスは起こります。

それらを上手に許容し、そこから学び、成長していくのが企業であり、組織であり、組織を形成する個人です。

（2）失敗を認め、許容する

悪い組織では、失敗は内部的にも外部的にも隠蔽されがちです。それは、

失敗が必ず個人の責に帰され、個人の責任が追及され、何らかの処罰を受けることが前提になっているからです。

　もちろん、悪意ある行動については罰せられなければなりませんが、業務上のミスや失敗、予測が外れること、目標が未達に終わることなどは、あってはならないこととは言いながら、実によく起こることです。

　「人は、許されることがわかっている場合だけ、真実を言う」という言葉があります。この言葉の妥当性は証明できませんが、処罰されたり自分が不利になったりする事柄については、なかなか報告しにくいのは確かです。それがいきすぎると「失敗を隠す」、「ごまかす」、「責任を転嫁する」などの風潮が蔓延する原因となります。

　そのような状態にならないために、失敗があった場合には、次の順序で対応します。

・失敗が引き起こした事態の収拾、リカバリーを行う
・失敗の原因を探る
・失敗の防止策を考える
・失敗の防止策を実施する
・必要なら、「担当者」でなく、「責任者」が責任をとる（ペナルティを受ける）

　最もしてはいけないのは、事態の収拾を図らずに、犯人探しに没頭することです。失敗の原因を探り、防止策を考える過程で、組織は多くのことを学ぶことができるはずです。それを単に個人の不注意や能力不足だけで済ませてしまえば、組織は学ぶことができません。

　そもそも、担当者個人に原因があるとしたら、「なぜその人に担当させたのか」、「職員の教育訓練は十分なのか」という、より根本的な疑問を立てなければなりません。

　実話かどうかは定かではありませんが、数百万ドルの損害を出した担当者がクビを覚悟していたら、経営者は「たった今、数百万ドルかけて教育をし

た君を、クビにできるはずがないだろう」と言った話が伝わっています。数百万ドルの損害を出しても潰れない会社で良かったとも言えますが、失敗に対する一面の見方を表しています。

　組織として失敗に対してとるべき態度は、「OK、われわれは失敗した。それを認めて、前進しよう！」です。

9　好ましい組織文化をつくり、社会に適応しましょう
（1）好ましい組織文化と「ご機嫌な職場」

　現在では、失敗に対し寛容で、多様性を認め、職員が協力・協調し合い、自発的に行動するのが、好ましい組織文化とされています。

　組織文化は、外側から見れば文化として一個のものですが、内部にいる人にとっては、その人を取り巻く環境です。環境は、自然に形成されていく力と、人為的に変えていく力との統合で変化していきます。放っておいては、望ましい組織文化は形成されません。

　現状では、多くの中小企業で、好ましい完成された人材を雇い入れることは困難です。したがって、重要なのは、雇い入れた職員に、教育・訓練・支援・助言などを行い、好ましい人材へなってもらうことです。

　なぜなら、原則的には仕事を行うのはモノやカネではなくヒトであり、そのヒトは、環境の影響を受け、学習し成長することができ、気分や感情を持っているからです。経営資源のうち最も重要なのはヒトであり、ヒトをつくるのは職場の風土であり職場の気分であり職場の空気感であると考えてください。

　「ご機嫌な職場」（なあなあとか、馴れ合いという意味ではありません）とは、職員が心理的安全を感じられ、快活で活発に業務が行われている職場のことです。

　そのような職場の実現が、事業の持続的成功のカギです。経営はご機嫌な

職場をつくる役割を持っており、そのためには、人間一般に対する理解・洞察と、職員個人への理解・洞察が必要です。

（2）人の理解がすべての原点

基本的には、事業の利用者、顧客は人です。事業所の職員と同様の人を相手に商売を行っているのが事業です。また、社会は、個人としての人が集まって形成されています。どのような事業にも社会的役割があり、社会の一員として、社会に対して、社会の中で商売しています。

したがって、事業を行い、持続した成功を収めるためには、顧客としての人と人が集まった社会に対する理解・洞察が不可欠です。顧客の心理や心情、ニーズや事情、そして社会の趨勢や傾向、ニーズなどへの理解・洞察がなかったり、誤ったりしていたら、その事業は必ず失敗します。経営とは、一種の人間学であり、経営者、事業体の人への理解が表れるものなのです。

本章では、経営の基本的な考え方について述べてきました。まとめれば、次のようになります。これが経営に関する基本的知識です。

・経営の基本は、ヒト・モノ・カネを調達し、配分することである。
・運営とは、配分されたヒト・モノ・カネをやりくりして、成果をあげることである。
・成果をあげるためには、戦略・戦術が重要になる。
・ご機嫌な職場をつくるのは、経営責任である。
・経営で最も重要なのは、人間を理解することである。

さて、続く第2章では、介護事業をするにあたっての、他の業種とは違う留意点について述べていきます。

失敗に学ぶ：人手不足で派遣社員に頼ったら…

どこの事業所も、人手不足で困っています。現場からは毎日のように悲鳴があがり、有給消化どころか、連勤、残業の連続になってしまう場合もあります。

ある特養（特別養護老人ホーム）でも、現場の悲鳴に耐えかねて、派遣社員を大幅に投入し、職員補充を行うことにしました。

派遣社員のおかげで、とりあえず、現場の人手不足はかなり解消されました。でも、人手不足が一段落したので、自らによる採用活動が手薄になり、職員の退職を派遣社員で補う体質が身についてしまいました。

人件費は高騰し、あるときを境に、赤字に転落です。にわかには信じられないことですが、施設長がその事実を知ったのは、実際に赤字に転落してから3ヵ月後のことでした。

ここから、次のようなことが学べます。

・事業所の財務状態のチェックが遅いと対策も遅れる。

・派遣社員を活用することは悪くないが、頼りきってはいけない。

・目先の対応だけでは、禍根を残す。

ここまで極端でないにせよ、この三つは、経営の教訓です。

第2章 | 介護事業経営に必要な経営センス

1 介護事業の経営にはバランス感覚が必要です

　介護事業の経営には、特有のセンスともいうべきバランス感覚が必要です。それは、この分野が介護保険の施行により可視化されたとともに、次の二つの要素を含む世界だからです。

　・医療や福祉、ボランティアなど、経済原理や売上・利益の世界とは異なる思想や理念で動く領域を抱え込んでいること（もとより、人間の命に直接係わる産業です）

　・かつて高齢者施設の職員が「寮母」と呼ばれ、また「親の介護は嫁の仕事」と言われてきたように、介護サービスは長らくビジネスや経済活動とは見なされなかった歴史があること（介護保険はこれを顕在化したという点で大きな意義があります）

　介護の世界は単純な経済性だけではとらえることができず、人間や社会に

対する深い理解やセンス、言ってみれば洞察がないと、なかなかうまくいきません。介護保険施行以来、この20年間に多くの民間事業者が参入しましたが、この業界への理解の仕方や取組姿勢、そして介護事業経営に対する考え方（思想）のズレから、多くの事業者が撤退し、反対にM&Aも進みました。

　介護事業の世界で失敗しない経営を行うためには、特有のバランス感覚が必要です。それは、これから新たに介護業界に参入する人にも、また既に事業展開していて今後の展望を考える人にも共通する、五つの経営センスで示すことができます。これらは、過度に介護や福祉を意識することもなく、また単に売上と利益の最大化を求めるだけでもない、介護ビジネス特有のバランス感覚とも言えます。

①**事業センス**：「福祉で儲けていいのか」、「営利と非営利の関係をどう考えたらいいのか」といった表層的な議論を超えた本当の意味での事業についての理解が必要です。

②**福祉センス**：介護の歴史的起源である福祉の歴史と現在を知ることが必要です。

③**サービス・ケアに関するセンス**：利用者利益と利用者満足が必ずしも一致しないという介護サービスの特性（宿命）を踏まえたうえで、サービス、ホスピタリティ、ケアなどについて考えて取り組むことが必要です。

④**人材活用センス**：介護事業は、ヒト・モノ・カネといったさまざまな経営資源の中で（それらについては、後の章で詳しく取り上げます）、とりわけヒトの活かし方ですべてが決まる産業です。

⑤**地域センス**：人口減少時代の中で、いかに地域の活性化に寄与できるか。今や介護事業がまちづくりの一翼を担う時代になっています。

以下、この五つを中心に介護事業経営に必要なセンスを考えます。

2　営利と社会貢献を両立させる「事業センス」が必要です

（1）福祉を前に曇るビジネスの常識

　第一に必要なのは、「事業センス」です。介護事業には、事業についての特有のセンスとバランス感覚が必要です。なかでも重要なのは、ビジネスとしてのセンスです。

　こんな話があります。ある百貨店の玄関前で、お年寄りが失禁をしてしまいました。それを見た店内案内係の若い案内嬢は、あわててデパート内にあった介護ショップに電話します。「お年寄りが失禁しています。どうしたらいいんでしょうか!?」

　彼女は、これまでお年寄りと接する機会がなかったのかもしれません。高級百貨店のオシャレな正面玄関での意外な出来事に、気が動転したせいもあるでしょう。しかし、介護ショップにいる専門家に聞く前に、まずやれることはなかったのか、人として、その場でとにかくそのお年寄りの世話をすることはできなかったのか、疑問が残ります。

　これは、介護を経営やビジネスととらえた場合のある共通点を含んでいます。それは、「介護」や「福祉」、もっと言うと「高齢者」、「認知症」といった状況を前にすると、まともな感覚、とりわけビジネス感覚や普通の仕事感覚を失ってしまうということです。

　例えば、介護機器の展示会等で見かける立派な機械浴設備や、利用者の移動のための天井走行リフトなど、大規模で重装備な介護設備を導入しても、事業所ではまったく使われないことがあります。檜（ひのき）でつくられた介護浴槽も同様です。お年寄りに檜の香りを楽しんでいただきたいという気持ちはわかりますが、いざ導入したら相当な頻度で掃除をしなければ、檜の香りは維持できません。多くの仕事を抱える職員を適切に清掃作業に充てられるのか、そのうえで利用者の世話を含めた業務シフトを回せるのか。利用者や発生する業務の想定もなく、ハードばかりを先行導入することで、経営

的に大きなムダを生んでしまう危険があります。

　介護保険が導入されてから20年が経過しているにもかかわらず、福祉や介護の世界に対する一般企業のとらえ方にも違和感があります。確かに、今では民間事業者が深い理解と対応ですばらしい介護事業所を運営しているケースも多くなってきました。しかし、地域の介護需要のポテンシャルを確認せずに、物件ありきで施設を開いたり、普通のビジネス感覚ではありえないようなスペックで、ゴージャスで不釣り合いな施設をつくったりなど、この分野を何か特別なものととらえる感覚はなくなりません。それは、他の事業に取りかかるときには普通に検討される要素―商圏やターゲット、コンセプト、ハードやソフトといった経営資源―について、「介護は特別」といったフィルターをかけて、頭が真っ白になってしまうような感じです。

　何よりも必要なのは、普通のビジネスセンスなのです。

（2）社会事業的センス

　もう一つ必要なものがあります。それは、「社会事業」としてのセンスです。

　福祉や医療、ボランティアの世界から介護の仕事を見ると、「良いことをしているのだから儲からなくて当然だ」といった発想でコスト感覚が薄かったり、現場のマネジメントレベルが極端に低いか、ほとんど存在しなかったりすることがあります。介護保険の導入によって、「これからは福祉経営だ！」と言われた旧来の福祉業界の人々が、民間企業のマネジメント手法をあわてて学びながらもその真意を理解できず、結果的にヒト・モノ・カネといった経営資源のコントロールができていないように見えます。

　果たして「ビジネス」と「福祉」の間、「営利」と「非営利」の間は、この20年間でどこまで近づき、混じり合ってきたのでしょうか。難しい問題ですが、結論は一つです。それは、利用者にとって良いケアを行う事業所・サービスでなければ、継続しないということです。

　一般の民間企業は、「良い製品とは何か」、「良いサービスとは何か」を問い

続け、ユーザー起点でマーケティングとマネジメントを行っています。その普通のビジネス感覚と同様の出発点を持つこと、すなわち「良いケアとは何か」を問い続けることが、法人の種類を問わず介護事業経営の起点です。

　しかし、重要な注意点があります。介護の場合、ここで言う良いケアとは、業界ナンバー１やオンリー１をめざすということではなく、ましてや競合各社に負けない差別化されたケアというものでもなく、「普通の人」が「普通に考えて」、「普通に行う」ケアをベースに、利用者に安定した日常を提供することです。

　先進的な事例や華やかな取組みはそれとして、とにかく日々の安心と安寧を１日でも長く続けていける安定感、ここに介護サービス経営の根幹があります。なぜなら、高齢者介護にとってのゴールとは、医療のような回復をめざすものではなく、安心で安寧な生活を１日でも長く続けることだからです。そして何より、良いケアとは、ケアサービスとして単独で存在するものではなく、利用者とその家族との関係の中で決まるものだということを忘れてはいけません。

　では、介護サービスにおける良いケアを考えるとき、介護経営の事業観とはどのようなものになるのでしょうか。

（３）営利事業と社会事業

　大辞林で「事業」をひくと、

　①仕事。特に、社会的意義のある大きな仕事。「維新の―」「福祉―」

　②営利を目的として営む経済活動。「―を興す」

という二つの意味が出ています。これによると、事業という言葉には社会事業と営利事業の二つの側面があるようです。では、この二つは対立するものなのでしょうか。

　重要なのは、この二つは同じ根っこを持つ二つの形態（現れ方）であることです。事業とは営利事業だけを意味するのではなく、社会的な事業もある

わけです。むしろ、社会的意義と営利は表裏一体にあるものととらえることが、介護事業経営の出発点です。

　多くの民間企業は、利益を求めて経営します。それは、一時的に大儲けするのではなく、資本主義経済の競争の中で事業を安定・継続させていくために利益が必要だということです。優れた企業経営者たちが口をそろえて言うように、いかに社会のために役立つかが第一義で、利益はその結果です。利益が出なければ事業は継続できない、利益とは事業を継続させる（これをゴーイング・コンサーンと言います）ためのもの、つまり、社会的意義と営利とは一体のもので、大辞林の①と②は、その現れ方の違いを示すに過ぎないという認識を持つことが大切です。これがまさに、介護事業の事業経営センスなのです。

　パナソニックの創業者で、「経営の神様」とも呼ばれた松下幸之助はこう言いました。

　「天下の物、金を預かって営む企業というものは、これまた天下のものと考えないといかん。個人のものとはいえんな。公のものということになるわな。そうであるとすれば、企業は社会のため、世間の人たちのため役に立つような働きをしないといかんということになる」

　（江口克彦『松下幸之助はなぜ成功したのか』東洋経済新報社、p.273）

　松下幸之助は、会社という組織は天下の公器であり、そこに働く従業員は天からの預かりものだと認識していました。

　介護事業経営では、こうした事業の本質に鑑み、判断を迫られる場面が多くあります。それは単なる「人間の尊厳」とか「利用者満足」といった言い方を超えて、人が普通に生きていける安定的な日常をいかに長く続けていくかという、介護特有のテーマから導かれます。営利か社会貢献かといった対立軸を超えたバランス感覚が、介護事業経営の事業センスなのです。

3　「福祉的センス」をバランス良く持つことが大切です

（1）『恍惚の人』に見る福祉の世界

　二つめは「福祉」というものへのセンスです。これは、ボランティアを含めた多様な職員を活用し、究極的には、人の命を扱うという介護サービスの特性そのものから導かれます。特に民間事業者からこの世界に関わる方にとっては、大切な認識です。

　1974年に出版され、大ベストセラーになった『恍惚の人』という小説があります。高齢化率がまだ7％だった時代に有吉佐和子の天才的な洞察力で描かれた高齢社会の姿は、認知症で徘徊する舅（夫の父親）を介護する嫁という典型的な構図の中で、2020年を迎えた現在にも通じる多くの示唆を含んでいます。その小説の一節に、こんなセリフが出てきます（人物名は筆者が挿入）。

　嫁「すると、老人ホームなんかも区役所の管轄なんですか」

　事務員「いえ、あれは福祉です」

　嫁「福祉？」

　事務員「厚生省の社会局ですね、そこから各地区の福祉事務所に連絡がいくわけです」

（有吉佐和子『恍惚の人』新潮社、p.166）

　この場面は、認知症がどんどん進む舅の世話に手を焼いた嫁が、老人クラブや老人ホームなど、とにかく舅の世話をしてくれるところを探している中でのことですが、ここで「福祉」という言葉に戸惑う嫁の反応が印象的です。憲法第25条が「社会福祉」を定め、福祉という言葉は誰もが知っている状況になっても、実感がわかない、知らされる機会がなければ知ることのない福祉という言葉のニュアンスがにじみ出ています。

　『恍惚の人』から40年以上が経過し、まぎれもない高齢社会になった現在、福祉という言葉の意味や実態は、人々にどれだけ理解されるようになったで

しょうか。

（2）福祉の歴史と現在

　福祉の歴史を語る紙幅はとてもありませんが、ヨーロッパではイギリスの
エリザベス救貧法が近代的な社会福祉の起点となり、日本では明治時代の恤
救（じゅっきゅう）規則、そして戦後はGHQによるさまざまな改革によっ
て社会福祉制度が整備されます。

　社会福祉とは「低所得、傷病、心身の障害等に起因する生活上の困難に対
して、その解決や緩和をめざして発展させられてきた社会的方策」（松村祥
子他『社会福祉論』放送大学教育振興会、p.12）を意味しますが、当初は救
貧政策だったものが、資本主義の発達に伴う福祉概念の広がりによって、そ
の意味と対象者を拡大していきます。そして、「公的扶助（生活保護）」、「障
がい者福祉」、「児童福祉」、「高齢者福祉」の四つの分野を中心に、社会的弱
者に対する所得やサービスの再分配を行う、基本的には上からの政策として
発達整備されていきます。

　高齢者福祉については、昭和38年の老人福祉法の制定を契機に、それま
での養老院から特養（特別養護老人ホーム）などの入所施設が整備されます。
その後、高度成長期を通じて高齢化率がじわじわと上がる中で、老人保健施
設等の高齢者を「収容する」施設の整備がなされますが、社会的入院等の増
加には追いつかず、ついに「在宅介護」の方向が出て2000年の介護保険導入
に至ります。

　介護保険は、「措置から契約へ」の合言葉とともに民間事業者の参入を実現
したものの、実質は公定価格による限定された市場経済の中での事業です。
この20年で一大マーケット、一大業界が形成されたことは大きな出来事で
したが、さらなる高齢化のスピードに介護保険財政が追いつかず、後述する
特養のホテルコスト徴収を契機として在宅と施設の壁は実質取り払われ、さ
らには地域包括ケアという形で再び脱施設化の方向性も出てきます。

　もはや福祉は、貧しい人のための施しという役割を大きく超えて、多様で複雑な国民一人ひとりが、それぞれの幸せを求めていくためのものへと大きく変わりました。

（3）福祉的センスが必要な理由

　こうした福祉の変遷が意味することは何でしょうか。それは介護事業を含む福祉ビジネスの根底には、常に「どういう状態にある人を、社会はどうすべきなのか」という問題があることを意味します。本人がどうしたいのか、家族がどうしたいのか、事業所が何をどこまでできるのかという問題の根っこにある、「社会がその人の面倒をどこまでみるべきか、またみることができるのか」という問題です。

　カネに糸目をつけずに介護サービスという財をふんだんに買えるお金持ちは別として、多くの普通の人々にとって、人生の最後の時期をどのように過ごせるかは切実な問題です。その切実な思いを実現するために、介護事業経営は単なる介護サービスという商品の売り買いだけでは解決しない、社会的な満足水準ともいうべきものを提示せざるをえません。

　ここに、介護事業経営者が福祉的センスを持つ意味があります。社会福祉士や介護福祉士のテキストに書かれたことを単なる資格取得のお勉強ととらえるのではなく、経営者として、また職員として目の前の状態の人をどうするかという高度な判断をするときのベースとして、単なるサービス業を超えるセンスが必要なのです。

　福祉の教科書の冒頭には必ず「人間の尊厳」、「個人の尊厳」という言葉が出てきます。そのままでは現場の仕事とあまりに距離があるこの言葉を、どのようにかみ砕き、事業所のサービス水準を決め、提供・実現していくか、前述したビジネスセンスとならんで福祉的センスが求められる理由がここにあります。

4 「サービス・ホスピタリティ・ケア」への正しい理解が利用者満足のカギです

(1) サービスという商品

　三つ目の経営センスは「サービス」や「ケア」と呼ばれるものです。介護保険の施行当時、「福祉は究極のサービス業だ」という言い方がされました。それは、「福祉」という言葉になじみが薄かった当時の社会ではわかりやすい言い方だったかもしれません。

　「サービス」にはさまざまな意味がありますが、さしあたりここでは、美容室やホテルのようなサービス業のサービス、いわばお金でサービスを買う場合のサービス商品を考えます。

　一般に、サービス商品には次の五つの特性があると言われています。例えば、美容院で髪をカット＆セットしてもらうときのことを想定して考えてみましょう。

①**無形性（形がない）**：美容スタッフの技術そのものは、形がなく、目に見えません。見えるのは、カットやブロー、セットしたあとの髪型だけです。

②**生産と消費の同時性**：顧客が常にそこにいなければサービスを受けられず、スタッフも仕事になりません。

③**不可逆性**：一度カットされたら、イメージと違ったとしても切った髪の毛は元には戻せません。

④**非貯蔵性**：カリスマ美容師の技術をデータで保存しておいて、誰に対しても同じように使うことなどできません。サービスはモノのように在庫として保存できないのです。

⑤**異質性**：人がその場でやることなので、そのときどきで微妙な違いが生じます。

　これらは、モノとしての商品の対極にあるサービス商品の特性です。どう

にもとらえどころがなく、経営や経済の基礎に置くには心もとない、それがサービスという商品なのです。

　経済界や産業界は、このサービス商品の特性を何とか可視化し、生産性向上にむけてコントロールしようとしてきました。人材教育やマニュアル化はもとより、何を、どこまでやるのが自社のサービスなのかを明確に規定することで、「自分たちが行うサービスはここまで」という線を引いてきたのです。接客し始めたときは愛想の良かった店のスタッフが、客がちょっと無理難題を言った瞬間に顔色が変わって（それでも、ベテランであれば穏やかな口調で、やんわりと）、「それはできません！」と言われてしまうことに、サービスの本質が現れています。

（2）**サービスからホスピタリティへ**

　こうしたサービスの持つ限界に対して、あるときから「ホスピタリティ」という言葉が対比されるようになります（サービスからホスピタリティへ）。これは、リッツ・カールトンホテルなど外資系の高級ホテルを中心に「顧客のわがままにどこまで応えられるか」という課題への挑戦として、顧客第一（カスタマーファースト）の理念をもとに説かれました。

　リッツ・カールトンホテルでは、毎日の朝礼のときに、世界中のスタッフのすばらしい顧客対応（いわば神対応）を共有し、モチベーションを高めていると言いますが、日本にも有名な話があります。それは、石田三成が豊臣秀吉に差し出したお茶の話です。

　鷹狩りに出た秀吉が、ある寺で喉を潤すためのお茶を頼むと、一杯目にはぬるいお茶が大きな茶碗にたっぷり入って出てきた。秀吉が飲み干して「もう一杯」と言うと、今度はやや熱く、少し濃い目のお茶が出てきた。さらにこれを飲み干した秀吉が「もう一杯」と言うと、最後には、小さな茶碗に香りの利いた、熱く煮えたぎった濃いお茶が出てきた……。

　のどの渇きを潤すためのお茶から、深い香りを味わうためのお茶へと、秀

吉のそのときどきの状態に合わせて最適なお茶を出した三成の行為は、画一的なサービスとは異なるホスピタリティあふれる行為です。そして、三成のお茶の出し方に感じ入った秀吉は、三成を家来に取り立てました。

　ホスピタリティとは、今、目の前にいる相手との関係の中で何をすること（しないこと）が最適かという発想で、画一的・標準的・マニュアル的な対応とは別の次元から人に相対（あいたい）していく姿勢として、小売業やサービス業の世界に浸透していきました。

（3）ケアという言葉の意味

　「そんなこと言ったら、私たちは昔からホスピタリティばっかりやっている。お年寄りは一人として同じ人はいないし、介護サービスもその人そのときで全然違う」……こんなベテラン介護職員の声が聞こえてきそうですが、ビジネスの世界で提供できるのはホスピタリティまでです。介護サービスの世界では、もう一段階「ケア」という考え方が必要になります。

　「ケアプラン」、「ケアマネジャー」、「看取りケア」などなど、介護保険の施行以来、ケアという言葉が多く使われるようになりました。同時に、それまでなじみの薄かったケアという言葉の定義が、議論のテーマとなります。さまざまな概念やとらえ方がある中で、社会学者の上野千鶴子は、ケアをこのように定義します。

　「依存的な存在である成人または子供の身体的かつ情緒的な要求を、それが担われ、遂行される規範的・経済的・社会的枠組みのもとにおいて、満たすことに関わる行為と関係」

（上野千鶴子『ケアの社会学』太田出版、p.39）

　なにやら舌を噛みそうですが、これはメアリ・デイリーらの編集によるILO刊行の"Care Work"によるものです。さまざまな要素が含まれていますが、ポイントは四つです。

　①依存的な存在：自分だけで生きていけない、助けや支援が欲しい人が対

象です。

②身体的かつ情緒的：単に「動ける」とか、「食べられる」だけでなく、それで気持ちが落ち着くかどうか（＝情緒的）が問題です。

③規範的・経済的・社会的枠組み：目の前の状態にある人にどこまで支援すべきか。それはそのときどきの社会通念や、支援のためのお金があるかどうかで決まります。

④行為と関係：美容室のように、施術サービスの売り買いで終わるのではなく、支援する側とされる側の関係がケアの基本です。介護とは、ケアする人とケアされる人との相互行為です。

（4）ケアの多様なとらえ方

学問上の定義はともかく、介護保険の施行後、ケアという言葉の具体的な意味やイメージをめぐっては、さまざまな立場から議論されました。例えば、要介護者を患者ととらえ、医療と介護を同視する「医療モデル」に対しては、あくまで介護は生活であり、医療のように処置の対象とするのではなく、日常の暮らしの中で人間同士の関係を取り戻す「生活モデル」に立脚すべきことが説かれました。

また最近では、科学的根拠なく行われていた旧来のさまざまな介護手法に対し、身体状況を改善して、より自立した生活を自ら取り戻していく「自立支援型介護」が提唱され、介護予防とともに新たなトレンドになりました。

介護サービスやケアの特性の一つに、利用者の利益と利用者満足とが必ずしも一致しないことがあります。例えば、美容室では「こういう髪型にしてほしい」という顧客の要望に対して、美容師が施術することで顧客の利益を満たす。それに対し、顧客はお金（対価）を払う。顧客は、払った金額に対して満足できる結果だったかどうかを判断して、また行こうかどうかを決める。つまり、顧客（利用者）の利益と満足は１：１で対応しています。

介護サービスは違います。もとより、介護は日常生活そのものです。日常

生活における満足とは何か、それからして難しい問題です。もちろん、食事や排せつ、入浴ケアといった介護業務を正しい知識と技術をもって行うことは大原則ですが、利用者がどういう形で、誰から、どんなケアを受けることで満足するのか見極めるのは相当困難です。

　そして、介護サービスの満足度とは、あくまでそのときどきの状況と、利用者と介護職員との関係の中に存在するものです。昨日と同じ状況の利用者に昨日と同じケアをしたとしても、それで満足されるとは限りません。さらには、介護されることを拒否している（＝顧客要望がない）利用者に対しても、一定のケアをしなければならない場合があるなど、利用者の利益と満足が一致しないのが普通なのです。

　これが極端に表れるのが、看取りの場面です。利用者や家族と事業所の間で、いざというときのことを、事前にどんなに細かく取り決めをし、例えば一定の状態になったら安楽死を望むことにしていたとしても、いざその場面になったら家族は「やっぱり病院に」、「１秒でも長く生きていてほしい」となる。そして、そのように対処したことが良かったかどうかは、もはやサービスを受けていた利用者ではなく、親戚を含む家族全体の心の満足に関わるとともに、看取りに立ち会った介護職員のほうも、それで良かったのかどうかをずっと悩み続ける……（それを経験して、介護職員として成長するとも言えます）。

　介護サービスにおけるケアの満足とは、人と時間と行為の関係の中に含まれる、そして後々までじわじわと滲みてくるような性質を持っています。しかし、関係の中にすべてを埋没させては経営になりません。詳しくは後の章で述べますが、介護事業経営には、このようにサービスからホスピタリティ、そしてケアに広がる感覚やセンスが必要なのです。

5 働く人の「心の感度」に敏感になれるかどうかで生産性が大きく変わります

（1）介護事業は「人」次第

　四つ目に必要な経営センスは、人を活用するセンスです。第5章以下で述べるさまざまな経営要素（財務、危機管理、マーケティング等）はどれも大切ですが、この業界は何よりも人に始まり人に終わる「究極のサービス業」と言えます。

　「結局、人の問題だ」、「人を活かせるかどうかが経営の分岐点だ」など、多くの企業経営者は人材の重要性を語り続けてきましたが、働く現場の実態はさまざまです。過労死やブラック企業が社会問題となり、働き方改革が進められる中、一昔前に比べれば残業が減った企業や組織もありますが、それがすべて生産性の向上によるものかどうかは微妙なところです。

　介護事業経営上、必ず持っていただきたい感覚は、この仕事は働く人の気分でケアの質が決まり、それが生産性に直結することです。それは人が人に関わるサービス業全般に言えることですが、とりわけ介護では、いかに優れた技術や知識を持っていても、今、目の前にいる人にどのように、どこまで関われるかを決めるエネルギーは、介護職員の心の状態や気分に大きく左右されます。だからこそ、上司や経営者は常に職員の気分やチームの雰囲気、ひいては法人組織の風土といったものに敏感でなければなりません。

　再び松下幸之助の言葉を借りれば、彼はこう言っています。

　「なんというても、人間というものは気分の問題である。気分がくさっていると、立派な知恵才覚をもっている人も、それを活かすことができない。しかし気分が非常にいいと、なんだか今まで考えつかないことも考えつくように、だんだんとその活動力が増してくる。発展の姿が出てくる。さらに気分がよくなってくる」

（松下幸之助『リーダーの心得〜人を生かす考え方』PHP総合研究所、p.39）

　そして、人の心は瞬時に変化するものだから、人を使う者はその機微に敏感でなければならないと説きます。叱るときは鬼より怖いと言われた幸之助でしたが、彼が社内の職場を訪問するときには、皆が愉快にやってくれているかを常に気にしながら、現場に声をかけていました。

　最近では、接客業について「感情労働」という言われ方がされます。人と人が接する場面は、いかにマニュアル化とトレーニングを行い、また「できるのはここまでです」という線を引いたとしても、働く人の心には必ずストレスがたまります。それを前提に、いかに人の心やチーム・組織の中にストレスがたまらないようにできるか、そのセンスが経営として重要なのです。

（2）人を活かすための鉄則

①仕事をどこまで整えられるか…採用

　厳しい人材確保事情の中、これをやれば絶対に辞めない人が集まるといった方法はありません（それがわかれば、誰もがやっているはずです）。

　小売業やサービス業など、接客業務をベースとした職場での採用は、景気循環と負の相関関係があります。景気が良ければ人は集まらず、景気が悪ければ人が集まる。そして、無理に採用すれば、定着せずに辞めていく。その動きはあたかも自然法則のように推移します。

　重要なことは、人材の採用にあたっては、こうした労働市場の動向や採用事情に左右されることなく、むしろそれらを織り込んだ人事戦略をつくることです。それには漠然と仕事をとらえて、不足しているから補充するという採用ではなく、仕事、すなわち業務や作業の形を整えて単位化し、「どういう仕事がどれだけあるから、どこに何人欲しい」という形で、人と仕事の関係を整理することが必要です。

　介護職員が事業所を辞めた理由に、人間関係や低賃金、将来像が見えないといったことと並んで、「職場の理念や運営方法に疑問を感じた」というものがあります。辞職理由は個人的な事情も含めて複雑に入り混じっています

が、運営方法、つまりケアの仕事をどれだけ明確に分類整理し、レベルと状況に合わせて人をあてがえるか否かで、運営効率は各段に違ってきます。

　「何となく足りないから、何となく配置する」……これが一番困ります。これをすると「誰々さんはここまでしかやらないのに、何で私はこんなにやらなきゃならないの」、「どうして私がやっていることにリーダーは気づいてくれないの」といった小さな不満の温床となり、モラールやモチベーションの低下どころか、「もっといい施設はないかしら」という気持ちが芽生え、定着率を低めていきます。

　確かに今は人が足りない職場ばかりだと思いますが、それでも「どういう仕事をどのレベルでできる人が、いつ、何人必要か」というところまで分析したうえで、採用活動を行うことが必要です。

②人を育てることにどれだけ経営が我慢できるか…人材育成

　採用とならんで大事なのが、人材育成です。よく、介護職員が辞めた理由に、「将来像が見えない」、「ロールモデル（この人をめざそうという先輩の姿）が見えない」というものがあります。これは低賃金で将来像が見えないというのと微妙にリンクしますが、少なくとも自分が仕事を通じて、進化・成長していると思えるかどうかは、あらゆる仕事で大事なことです。

　スターバックスやディズニーランドでは、1日だけのアルバイトでも、会社（創業者）の思想や企業の歴史を聞いたあと、一定期間のトレーニングを積んで内部テストに受からなければ現場に出ることはできません。スターバックスならコーヒーの知識、ディズニーランドではキャスト（スタッフのこと）の立ち居振る舞いや業務内容について細かく習得したうえではじめて、お客様と接することになります。

　人手が足りないと、とにかく現場に入れてOJTで何とか仕事を覚えさせるといった状況になりがちですが、開業前の採用時期を、教育期間を含めて設定することが重要です。教育や研修は、どれだけかけたらどれだけ成果が

あるのかというインプットとアウトプットの関係が見えにくいものですが、こういう部分にきめ細かい配慮ができるかどうかで、長期的には事業所全体の生産性が大きく違ってきます。

③当たり前のことを当たり前に

マネジメントの意味として、「人を使って仕事を進め、生産性を高めること」というものがあります。リーダー自身が仕事を抱え込むのではなく、上司や部下を使って仕事をしていくのが、本来のマネジメントの意味です。そのためには、職場やチームの雰囲気やそこで働く人の心をどれだけとらえられるかが重要です。といっても過度に気を遣ったりするのではなく、淡々と、しかし確実にやるべきことをやるのが、人とチームの活用の基本です。いくつか例をあげれば、次のようなことです。

- ・あいさつをする（上の立場の人間から）。
- ・全員の顔と名前を覚える。個人情報も問題がない範囲で把握する。
- ・出勤時の表情を見る（少なくとも仕事に就ける状況か）。
- ・歓迎会をする（新規採用があったら）。
- ・面談をする（定期的に、特に採用直後は頻度高く）。
- ・キーパーソンを把握する（正しく現場の状況をつかむ。この人選のセンスが大事）。
- ・休憩所での会話に敏感になる（本当のことは職場ではわからない）。
- ・どの仕事、どのケア、どの入所者への対応に課題があるか、常にわかっている。
- ・業務ヒヤリングをして、小さなことでも一つひとつ改善の跡を残す。
- ・職場やチームの雰囲気に敏感になる。

要は、職員が利用者と向き合っている以上に、リーダーは職員と向き合っていなければならないのです。その最高位にいるのが、法人のトップです。介護事業経営のトップは、人の活かし方という点については常に一番考え、

取り組んでいなければなりません。これが、介護事業経営に求められる人材活用センスです。

6 地域を理解しまちづくりに参画する「地域センス」も不可欠です

「地域密着」、「地域の活性化」、「地域のお役に立つ」など、事業経営には地域というファクターが不可欠です。とりわけ介護事業は、その事業所がある地域との関わりや、そこにいる人との関係が深い仕事です。これについては、大きく二つの視点＝センスが必要です。

（1）事業の前提としての地域センス（地域の土壌をかぎ取るセンス）

例えば飲食店を開業するとき、どこに出店するのか（立地）は何よりも大切です。人通りや車通り、視認性（通る人から見えやすいかどうか）、地域の人口、年齢構成、昼夜間人口、職業、食に対する嗜好性、家賃や建物の条件など、考えられる限りのことを調べつくして出店場所を決めます。コンビニの出店にあたっては、数十項目にわたるチェック項目の吟味を経て、その場所に出すかどうかが決定されるそうです。場所や立地は事業の命運にかかわる問題なのです。業界ではこれを「土地を読む」と言います。

介護事業所では、地域や場所の重要度がさらに増していきます。以前、ある高齢者施設を立ち上げた方が、「車1台を乗りつぶすぐらい走り回って、この場所に決めました」と言われていました。まさにそのくらいの手間をかけて立地を選ぶ、また事業所を開設する場所について徹底的に知ることが必要です。

その地域の高齢化率、高齢者の人数、家族構成、生活水準などによって提供すべきサービスは大きく変わります。同時に、24時間365日で介護サービスを提供する職員がその地域に居住していることもこの業界の特徴です。ケアされたい人がいるのか、ケアできる人がいるのか、それは数として、また求められる介護サービスのレベルとしてどうなのか考える必要があります。

　例えば、東京都港区や兵庫県芦屋市のような高所得者の多い街と、中山間部の山あいの村とでは、介護を求める人も、ケアできる人も、求められるケアサービスのレベルもコストも賃金も、まったく違ってきます。その地域の歴史や産業、家族構成、地域包括ケアの整い方、病院など医療サービスの充実度合いによっても、介護事業者の役割は大きく異なります。介護事業経営には、土地を読むセンスは必須です

（2）地域経営の一員としての地域センス

　歴史に例を見ないスピードで高齢化が進む日本は、同時に、例を見ない速度で人口減少が進む社会でもあります。ひところささやかれた地方消滅の真偽はともかく、今後時間の経過とともに、地方都市や市町村は確実に存続困難になっていきます。

　2000年の介護保険の施行とあいまってハートビル法が施行され「福祉のまちづくり」という考え方が一般化しましたが、20年が経過した現在では、単なる建物や街のバリアフリー化だけでなく、地方創生やまちづくり、いわば地域活性化の起爆剤として介護や福祉が語られる時代になりました。

　介護保険の改定の中で「地域包括ケア」が言われ始めたのが2011年ですが、2017年にはこれが、地域包括ケア強化法（地域包括ケアシステムの強化のための介護保険法等の一部を改正する法律）として、さらに実効性をあげるべく強化されました。

　地域包括ケアとは、「重度な要介護状態となっても住み慣れた地域で自分らしい暮らしを人生の最後まで続けることができるよう、住まい・医療・介護・予防・生活支援が一体的に提供される」仕組み、つまり公助（行政）、自助（自分自身）、共助（医療保険や介護保険）、互助（ボランティアやNPO）の4者が一体となり、医療と福祉の垣根を越えて最後まで地域の中で暮らせる体制を、市町村を基盤につくっていこうというものです。

　地域包括ケアの実際の形はさまざまで、地域包括支援センターの構築を

はじめ試行錯誤段階ですが、例えば、CCRC（Continuing Care Retirement Community）のように地域全体の活性化につながる事例も出始めています。CCRC とは「東京圏をはじめとする都市部で生活する高齢者が、自らの希望に応じて地方に移り住み、地域社会において健康でアクティブな生活を送るとともに、医療介護が必要なときには継続的なケアを受けることができるような地域づくり―生涯活躍のまち」を意味します。政府の進める一億総活躍社会の中にも位置づけられ、「シェア金沢」など、具体的な事例が増えつつあります。

　2019 年 3 月には、厚生労働省が「これからの地域づくり戦略（集い・互い・知恵を出し合い 3 部作）」を策定・発信しました。地域包括ケアの実行に向けた論点をまとめたものですが、いよいよ厚生労働省もまちづくりの次元で介護事業をとらえようとしています。土地～地域～まちへのセンスは、これからの介護事業経営に必須の要素です。

　以上、本章では五つの観点から介護事業経営に求められる経営センスを見てきました。この五つのセンスと微妙なバランス感覚を持ちながら、自法人・自事業所に見合った形を追求することが、失敗しない介護事業経営の出発点です。

失敗に学ぶ：「うちの事業所は儲け主義だ」は誤解？

　経営者として、事業所の存続のために、売上をあげていくのは重要な使命です。しかし、介護の現場の人たちには、なかなか理解されにくいという現状もあります。その原因に、現場側の経営や事務への無理解があることは事実です。「請求事務なんかしていないで、現場手伝ってください！」などという発言があったりします。

　一方、経営側にも不用意な発言や誤った見識があることも事実です。現在の利用者

の要介護度が上がれば、自然に売上は伸びますが、それを願う、あるいはそのように誘導するとしたら、不見識であり、不道徳です。

　実際、「売上のために、利用者の要介護度を上げるように」という指示を本部が出したケースがありました。まっとうな介護職員のモラル・モチベーションはがた落ちで、事業所に対する信頼、忠誠心は吹き飛び、退職が相次いだのは言うまでもありません。

　経営層は、間違っても不用意な発言をしてはいけないのです。

── Headline ──

1　2000年4月、高齢者を社会全体で支える介護保険制度がスタートしました

2　介護保険の改正経緯には高齢社会の実情が表れています

3　介護保険をきっかけに、福祉が普通のビジネスになりました

1　2000年4月、高齢者を社会全体で支える介護保険制度がスタートしました

　2000年4月に介護保険制度が導入されて約20年が経ちました。介護保険が成立した背景には、急速に進む高齢化とそれに伴う既存の社会保障制度の行き詰まりがありました。

　責任者として、リーダーとして介護事業所を運営していくためには、虫の目、鳥の目、魚の目での判断力が必要となります。虫の目は、現場で起きていることをしっかりととらえる力、鳥の目は、細部だけで判断せずに全体を見る力、魚の目は、未来に向けた変化の流れをとらえる力です。

　本章は、介護保険の歴史、変遷、業界構造を見ていく中で、失敗しない介護事業経営を行ううえで不可欠な情報を提供し、全体を見ながら、未来に向けた動きを考えるきっかけとしていただくことを目的としています。

（1）「措置」から「契約」へ ── 利用者が選ぶ時代へ

　1994年4月、厚生省（当時）は高齢者介護対策本部を設置して、介護保険制度の導入に向けた第一歩がスタートしました。当時は、少子高齢化、要介護者の急増、介護の長期化・重度化が進む中で「寝たきり老人」や「社会的

介護保険創設の背景

●要介護高齢者の増加、介護の長期化・重度化
●核家族化による家族介護の限界
●旧制度（老人福祉・老人医療）での対応の限界
⇩
●高齢者を社会全体で支える仕組みとして、介護保険制度が誕生
　自立支援／利用者本位／社会保険方式

入院」という言葉が話題になっていました。核家族化が進む中での家族介護の限界や老人福祉・老人医療という縦割りの仕組みの中で、介護目的にもかかわらず、利用者負担が少ない病院を選択して入院する社会的入院が多くなり、社会保障制度は行き詰まりを見せていました。

　介護保険以前の老人福祉の措置制度は、行政がサービスの対象者も中身も決定する配給制度でした。利用者が選択できない制度は、画一的で質が担保できないことも問題となっていました。また、限られた予算の税金を財源とする措置制度では、こぼれ落ちる人も多くいました。

　介護保険制度は、行政の予算内で介護サービスを配分する措置制度から高齢者も費用を負担する社会保険方式への変更と、利用者がサービスを選択できる利用者本位の制度への変更を前提に、高齢者の自立支援を支えることをめざし、スタートしました。

（2）在宅介護重視から生まれた介護保険制度

　1989年に初めて3％の消費税が導入された年に、国による「ゴールドプラン」（高齢者保険福祉推進10ヵ年戦略）が策定され、1994年にはニーズ調査を踏まえて、ゴールドプランを大幅に上回る介護サービス基盤の整備をめざした「新ゴールドプラン」が策定されました。総事業費9兆円を超す規模の5ヵ年計画の下、サービス基盤の整備が進められました。

　このベースには、住み慣れた地域で高齢者が自立した生活を送れるように生活の継続性を保障する「在宅介護重視」という考えがありました。しかし、「在宅介護」という言葉は「家族介護」と混同され、家族の負担が解消されないという視点から、必ずしも好意的には受け取られませんでした。また、介護保険が始まってからは、グループホームを共同住宅として在宅介護の枠組みに取り入れたり、当時は施設に区分されていた有料老人ホームやケアハウスをケア付き住宅と定義し直したりしました。その背景には、終の棲み家を掲げる有料老人ホームが、介護が必要になった途端に特養（特別養護老人ホーム）任せにしようとするような事例がありました。

　さらに2005年には、介護サービス費用の増大に対して、介護費用の効率化・重点化を目的として、介護保険施設（特別養護老人ホーム、老人保健施設、介護療養型医療施設）の居住費・食費、ショートステイ（短期入所生活介護、短期入所療養介護）の滞在費・食費が介護保険対象外となりました。その結果、施設でも「ケア」と「住まい」の区別がされ、施設内での暮らしも、住まいという扱いを受けるようになったのです。こうして、施設と在宅の区分が不明瞭になることで、住み慣れた地域で高齢者が自立した生活を送れるように生活の継続性を保障するという意味での「在宅」の考え方が事実上、挫折しました。

2　介護保険の改正経緯には高齢社会の実情が表れています

（1）介護費用の増大と財源確保

　終戦直後の「人生50年」の時代から、医療技術の進歩とともに平均寿命は30年以上延び、80歳まで長生きできるようになりました。長寿化と少子化により日本の高齢化率（総人口に占める65歳以上の割合）は飛躍的に伸び、ドイツが40年、フランスが114年かかって高齢化率が7％から14％へ増加したのに対して、日本は24年しかかからなかったのです。

　顕在化した介護問題の解決のために問題となったのは財源です。2000年に介護保険が導入された際は、介護サービスの利用者が1割を負担して、残りの9割を公費と保険料で半分ずつ負担する社会保険制度が導入されました。それに先立ち、1989年4月から消費税が導入されました（3％）。それ以前の日本の税制は、20歳〜64歳の世代が働いて納税する所得税が中心となっていました。消費税の導入は、将来増加することが予想される介護費用の財源確保と、消費一般に広く公平に課税されることによる、所得税納税世代への不公平感の払拭が目的でした。

　しかし、介護費用は増え続け、2019年には11.7兆円と当初の3倍になり、65歳以上の保険料も全国平均約5,800円と当初の倍近くにまで増加しました。今後も2040年には介護費用は25兆円を超え、65歳以上の保険料は9,200円に達するとも言われています。増え続ける負担をどうするのかは常に論点となっています。

　財政負担が大きいことを理由に介護サービスの供給を抑制したとしても、介護需要が減るわけではありません。介護保険制度創設以来、65歳以上の被保険者数（第一号被保険者）は、2000年4月末の2,165万人から2017年4月末には1.6倍の3,446万人になりました。要介護（要支援）認定者は、2000年4月末の218万人から2017年4月末には2.9倍の633万人にまで増加しました。増大する介護ニーズに応えていくために、限られたヒト・モノ・カネという資源をどのように活かしていくのかが、今後も課題となっていきます。

（2）介護保険制度改正の流れ

　介護保険法と介護報酬は定期的に見直される仕組みとなっています。見直しを担当する事務局は厚生労働省の老健局、見直しを検討するのは厚生労働大臣の諮問機関である社会保障審議会です。介護保険を検討するのは、社会保障審議会の中の介護保険部会と介護給付費分科会です。

　介護保険法の改正は、介護保険の保険者でもある都道府県・市区町村の関係団体の委員も参加する介護保険部会が意見をまとめ、厚生労働省が作成した法律案が政府の閣議決定を経て、国会で審議されます。介護報酬の改定は3年ごとに行われ、政府の予算編成の中で全体の増減が決定されます。介護報酬の全体の増減は政府が決定して、サービスごとの細かい内容は介護給付費分科会がまとめた審議報告をもとに、厚生労働省が省令や通知を出すような仕組みになっています。

（3）介護保険制度の改正経緯

　介護保険の見直しは、運営やサービス提供の見直し以外に、医療と介護の需要抑制、介護費用の負担と給付のバランスという制度の持続可能性の観点からも行われてきました。

　2025年をメドに進められているのが、地域の包括的な支援・サービス提供体制（地域包括ケアシステム）の整備です。2025年には団塊の世代が後期高齢者になり、国民の4人に1人が後期高齢者になると言われています。地域包括ケアシステムは高齢者が住み慣れた地域で自分らしい人生を全うできる社会を実現するため、「住まい」、「医療」、「介護」、「予防」、「生活支援」の五つのサービスを一体的に提供できる体制づくりをめざすもので、介護保険の保険者である市町村や都道府県が地域の自主性や主体性に基づき、地域の特性に応じてつくり上げていくことが求められています。

　2005年の介護保険法改正で、地域包括支援センターの創設が打ち出されました。2011年の改正では、自治体が地域包括ケアシステムの推進義務を担うことが明記されました。2015年の改正では、医療と介護の連携、地域ケア会議、介護予防・日常生活総合事業の推進が明記されました。2017年の改正では、自立支援・重度化防止に向けた自治体の役割強化と、日常的な医学管理、看取り・ターミナルなどの機能と生活施設としての機能を備えた新たな介護保険施設の創設をめざすことが明記されました。

介護保険制度の改正の経緯

第1期：2000年（平成12年）4月　介護保険法施行

第2期　2003年（平成15年）度
・介護保険料、介護報酬に関する見直し

第3期　2006年（平成18年）4月　施行
・介護予防の重視：要支援者への給付を介護予防給付に
・地域包括ケアセンターの創設、地域支援事業の実施
・施設給付の見直し：食費・居住費（ホテルコスト）の徴収など

第4期　2009年（平成21年）5月　施行
・介護サービス事業者の法令遵守等、業務管理体制の整備など

第5期　2012年（平成24年）4月　施行
・地域包括ケアの推進：24時間定期巡回、複合型サービス等の創設
・介護職員によるたんの吸引等、有料老人ホームの前払金返還など
・介護保険事業計画と医療サービス、住まいに関する計画との調和など

第6期　2015年（平成27年）4月　施行
・地域支援事業の充実：医療・介護連携強化、地域ケア会議の推進、
　介護予防・日常生活総合事業の推進
・一定以上の所得ある利用者の自己負担額の引き上げ

第7期　2018年（平成30年）4月　施行
・保険者（市町村）としての自立支援・重度化防止の仕組みの制度化
・介護医療院の創設：日常的な医学管理、看取り・ターミナル、生活施設
・高所得者層の利用者負担を3割に

出所：厚生労働省ホームページより著者作成

　介護事業経営に失敗しないためには、こうした介護保険の改正経過や今後
の方向性について、常に敏感になっている必要があります。国の動向につい
ては、厚生労働省のホームページを見れば、審議会の資料や議事録まですべ
て公開されています（社会保障審議会介護保険部会）。これらのすべてに目
を通すことは難しいとしても、主だったものを見ておけば、大きな流れの中
で介護保険がそのときどきでどのように議論され、何がどう変わっていくの
かは、大体の予測がつきます。

　大きな流れの中で自分たちの事業やサービスをとらえることは、失敗しない、まっとうな介護事業経営を行うための不可欠な視点です。

3　介護保険をきっかけに、福祉が普通のビジネスになりました
（1）介護事業に営利企業が参入することは「悪」なのか

　2007年6月、厚生労働省は当時訪問介護サービス最大手だったコムスンの不正に対して、今後5年間は事業所の新規指定や更新を認めないという厳しい処分を下しました。介護保険制度開始後に一気に事業を拡大したコムスンの介護事業からの撤退は、全国6万人以上の高齢者や家族、2万人以上の職員にも影響を与える大事件となりました（コムスン事件）。これに対し、日本の医療機関で構成する社会運動団体である全日本民主医療機関を中心に、公的なサービスに営利企業を参入させる制度をつくった厚生労働省を批判する論調まで湧き起こりました。福祉と営利は相反するのではないか、営利を追求するあまり不正に走ったのではないかという疑問を多くの人が持ったのです。

　コムスン事件後も不正がなくなったわけではありません。厚生労働省によれば、2017年度に介護保険サービス事業者が指導・監査・指定取り消し処分を受けた事案は、過去最多の257件です。介護保険がスタートした2000年から数えると累計で2445事業所となりました。不正の約50％は、コムスン事件と同様に介護報酬の不正請求です。

　介護報酬は、介護事業者が利用者に対して介護サービスを提供した際に、その対価として支払われる報酬を指します。営利企業でいう売上にあたり、介護事業を継続していくための生命線です。事業運営において、台所事情が苦しくなり、収入を確保しようと焦ったのが不正の原因です。しかし、不正により処分を受けているのは民間の営利企業に限りません。経営に行き詰まる事業者は、民間企業に限らないのです。営利追求だけを問題視すれば済む

とは言い切れない、根深い問題がそこにはあります。

（2）「準市場」としての介護業界

　医療・介護・教育などのように、部分的に市場の原理を取り入れている市場を、準市場と言います。公的なサービスを提供するため、人員・設備などの運営基準が厳格に規定され、介護報酬も公的に定められています。厳しい規制がある中で、事業者が利用者から選ばれるサービスを提供していくためには、個々の事業者の創意工夫が求められてきます。

　介護に準市場という考えが導入されたのは、1990年代後半から検討が始まった社会福祉基礎構造改革においてでした。この改革の結果、1951年に制定された社会福祉事業法が全面改正され、2000年に社会福祉法が制定されました。それまでの社会福祉事業、社会福祉法人、措置制度は、第2次世界大戦後の生活困窮者の救済や保護を目的としていたのですが、時代の変化に合わせて多様化する福祉需要に合わせて見直しが必要と考えられました。社会福祉基礎構造改革の中で、介護保険制度の施行、成年後見制度の導入、社会福祉法人の不祥事の防止、地方分権による措置制度からの脱却などが議論されました。

　そして、この流れの中で介護保険制度が導入され、それまで介護サービスではサービスを提供する側に決定権があったのが（措置制度）、利用者がサービスを選べる（契約制度）ようになったのです。また、介護サービスを供給する主体が原則として自治体から社会福祉法人に限定されていたものが、民間企業にも門戸が開かれました。現在、次ページの図に示すように特養（特別養護老人ホーム）、老健（老人保健施設）、通所リハ（通所リハビリテーション）、介護医療院以外の介護事業には民間企業が参入できるようになっています。

（3）介護サービスの提供主体

　介護保険制度の導入により、自治体や社会福祉法人以外も介護サービス提

主な介護事業の種類（<>内は2016年度介護保険給付額）

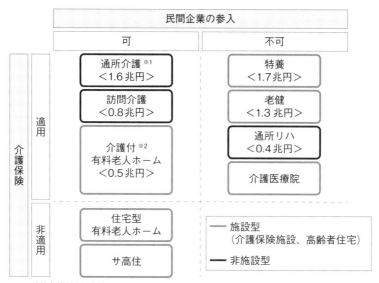

※1　地域密着型通所介護を含む。
※2　介護保険適用サービスにおける「特定施設入居者生活介護」で、軽費老人ホーム等を含む。
出所：三井住友銀行「2018年介護業界の動向」
　　　https://www.smbc.co.jp/hojin/report/investigationlecture/ resources/pdf/ 3_00_CRSD
　　　Report063.pdf

供に参画できるようになりました。法人格を持ち、厚生労働大臣が定める人員・設備運営基準に合致していれば、法人の種別を問わず都道府県の指定を受けて介護サービスを提供できるようになったのです。多様な提供主体が登場する中で、厚生労働省の2017年の調査結果（「開設主体別事業所数の構成割合」）を見ると、社会福祉法人と営利法人の割合が大きいことがわかります。特に、ほとんどのサービスの中で営利法人の割合が半数以上を占めています。

　介護保険制度が始まったときに、介護保険事業のみを行うことを目的とし、法人税が課税されない、施設の建物の建設費が補助されるメリットがあ

経営主体別 介護サービス事業所数の構成割合

	地方 公共団体	社会 福祉法人	医療法人	営利法人	NPO その他	合計
訪問介護サービス	0.3	18.2	6.2	66.2	9.1	100
訪問看護サービス	2.1	6.7	27.3	49.6	14.3	100
通所介護（デイサービス）	0.5	38.8	8.3	48.5	3.9	100
短期入所生活介護 （ショートステイ）	1.7	83.4	3.5	10.3	1.1	100
特定施設入居者生活介護 （有料老人ホーム）	0.8	23.8	6.2	67.4	2.0	100
認知症対応型共同生活介護 （グループホーム）	0.1	24.4	16.5	53.6	5.5	100
地域包括支援センター	24.5	55.2	13.6	1.5	5.4	100
居宅介護支援事業所 （ケアマネジャー）	0.8	25.1	16.0	49.9	8.4	100

出所：厚生労働省「平成29年 介護サービス施設・事業所調査」より著者作成

る社会福祉法人の設立が増えました。しかし、社会福祉法人の増加以上に介護サービスに関わる営利法人が増えたのです。

　介護保険スタート時は、営利法人の参入は「安かろう、悪かろう」になり、サービスの質の低下につながることを危惧する声も上がりました。しかし、介護サービス提供主体として、これだけ営利法人の存在感が増していく中で、サービスの質は提供主体の種別ではなく、実施する事業主体の経営手腕によることがわかってきています。

　利用者本位の競争原理が介護の世界に導入されて約20年、介護はまだまだ未成熟な市場です。ビジネスの本質は、お客様に喜びと感動を与えるサービスや商品を提供して、事業を継続させていくことにあります。「福祉」という言葉は「祉」が幸せを指し、その本質が人を幸せにするものであることはビジネスと変わりません。ビジネスの考え方と福祉の考え方は、人の幸せを願う点で共通しています。コムスン事件においても、営利法人だから問題が

あったのではなく、お客様を幸せにしながら事業を継続させていくというビジネスの本質を見失ったことが大きな問題でした。

　サービスの提供主体として、いかに利用者に喜ばれる質の良いサービスを提供し、事業を継続させていくのか。介護事業における経営とは何かという本書のテーマの一つがここにあります。

（4）介護事業のマーケット特性
①寡占市場になりにくい「分散型事業」の介護業界

　介護業界に準市場という考えが導入され、利用者が介護サービスを選ぶようになりました。どうしたら選んでもらえるのか、どうしたら他者より優位な立場に立てるのか考えるためにも、業界の特性を把握しておく必要があります。

　いかに競争の中で優位に立てるのか。その観点から、自分が属する業界を分類する考えが、アドバンテージ・マトリクスです。競争するポイントの多さ、他者より優位に立てる可能性の2軸で四つに分かれます。特化型事業とは、競争要因が多く、優位性を構築しやすい業界で、医薬品業界がわかりやすい例です。規模型事業は、大きな機械設備が必要で、規模を大きくすればするほど収益性が高まるような自動車業界が当てはまります。分散型事業は、競争するポイントは多いものの、違いを出しにくい職人気質の業界が当てはまります。飲食業界、サービス業が代表的な例です。

　介護業界は、この分散型事業に当てはまります。目に見えにくいサービスのため、選ばれる理由がわかりにくく、介護職員の質がサービス提供に大きく影響します。また、介護事業は始めやすく、市場に参入しやすいことも理由の一つです。均質のサービス提供は簡単ではなく、大規模化が他の業界に比べて起こりにくい業界と言えます。

②倒産の8割は従業員10名未満の小規模事業者

　介護業界は市場に参入しやすい反面、廃業する事業者も多いのが特徴です。

アドバンテージ・マトリクス

優位性構築の可能性

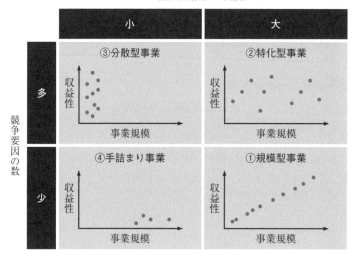

出所：グロービス・マネジメント・インスティテュート編『MBA経営戦略』ダイヤモンド社

2019年上半期には、老人福祉・介護事業の倒産件数は過去最多の55件となりました（東京商工リサーチ）。倒産した企業の約8割は、従業員10名未満の小規模事業者でした。市場を独占するような大規模事業者が出にくいものの、人材、ノウハウ、資金力などで小規模事業者が不利な状況にあります。上場している大手介護サービス事業者はおおむね黒字を確保しています。

③異業種からの参入を目的としたM&Aの増加

　介護需要は増大しているものの、介護事業は決して高い利益率を確保できる業界ではありません。利益率が高いソフトウェア業界が約20％の利益率を確保できるのに対して、介護業界の利益率は約3％と大きくはありません。これは公的なサービスを担う準市場であること、人件費が大きな割合を占めるサービス業であることが大きな理由です。

　介護は利益率が高い業界ではないものの、近年M&Aによる新規参入が増えています。参入する側としては、人材確保が大きな参入障壁となる中でM&Aにより人材と拠点を一度に確保できること、高齢化が進む中で高齢者との接点を確保すれば現在の事業との相乗効果が期待できることが大きな理由です。

④国が推奨する介護事業者の大規模化・協働化

　厚生労働省は、深刻化する少子高齢化への対応策を検討するため、2018年に「2040年を展望した社会保障・働き方改革本部」を設置しました。その中で、介護事業の大規模化の推進について明言しました。背景には、社会保障費負担に悩む政府の意向を受け、介護事業の大規模化による合理化を進めることで、介護報酬負担を抑制したいということも含まれています。

　2019年5月の第2回「2040年を展望した社会保障・働き方改革本部」の議事録の中でも、介護事業の大規模化・協働化について明記されました。合併の好事例集の普及や社会福祉法人の協働についての検討会も設置される予定になっています。

⑤介護事業者の大規模化・協働化のメリット

　大規模化するメリットとしては、小規模事業者と比較して、人材の確保や事業所間での融通がしやすくなること、研修やキャリアプランの形成が行いやすいこと、規模の大きさを活かした効率的な運営が行えることがあげられています。

　しかし、大規模化というのはすぐにできるものではありません。その一歩として、同業他法人との協働、協力関係の構築が考えられます。事業を行う際には、周囲の協力が必要不可欠です。地域の同業他法人や得意分野が異なる他法人との連携・協力を行うことで、大規模化と同じような効果を生み出すことができます。

　次章以降で具体的な経営・運営に論及していくことになりますが、経営に

近年のM&A事例

SOMPO **ホールディングス** ➡	2012年「シダー」に資本参加 2015年「ワタミの介護」を子会社化 2016年「メッセージ」を子会社化	相次いで買収・子会社化を行うことで、訪問系から通所系、施設系まで幅広いサービスに取り組む
ベネッセ **スタイルケア** ➡	2003年「伸こう会」を取得 2010年「ボンセジュール」を事業承継	費用・サービス面から多様なラインナップで有料老人ホームを展開
木下の介護 ➡	2008年「ライフコミューン」を子会社化 2011年「ゼクス」を事業承継 2012年「まほろばの里」を事業承継 2013年「応援家族」を子会社化	木下工務店のグループ事業展開として、有料老人ホーム、サービス付き高齢者住宅などを幅広く展開
ニチイ学館 ➡	2007年「グッドウィルグループ」を承継 2016年「小田急ライフアソシエ」を子会社化	医療事務大手から介護業界に参入、コムスン（グッドウィルグループ）の破綻に伴う承継で拡大し、介護・医療・教育・ヘルスケアまで幅広く展開
セントケア・ **ホールディングス** ➡	2007年「グッドウィルグループ」を承継 2012年「福祉の街」を子会社化 2014年「アールスタッフ」を孫会社化 2015年「虹の街」を子会社化	1983年に「日本福祉サービス」として創業。訪問・通所・施設・医療系など、介護保険のすべての分野を幅広くカバーする
ALSOK ➡	2014年「HCM」を子会社化 2015年「アスビルあんしんケアサポート」を子会社化 2016年「ウイズネット」を子会社化	警備会社大手。首都圏を中心に有料ホーム、グループホーム会社を買収し、事業・拠点の拡大を図る
学研 **ホールディングス** ➡	2012年「ユーミケア」を子会社化 2014年「シスケア」を子会社化 2018年「メディカルケアサービス」を子会社化	教育産業から介護事業へ参入。サービス付き高齢者住宅を中心に幅広く拡大展開を行う

おいては自法人の強みを伸ばし、弱みを補完することが原則です。自分たちでできないことは、他者の力も借りることを検討してみてはいかがでしょうか。それをきっかけに、他の事業者との連携や提携、さらにはより大きな基盤を持つ介護経営事業体へと、新たな道が開かれる可能性があります。一見すると、規模とは無関係に見える介護事業も、利用者へのサービスの向上と経営の安定をめざしていかに協働していけるかが、今後の大きなテーマの一つです。

失敗に学ぶ：介護業界、介護職のイメージダウンの始まり

　2000年4月に介護保険制度が施行されましたが、当初は、制度の成否に関する不安、課題、混乱などとともに、わが国の将来の介護についての希望もありました。

　制度が発足すると、多様な経営主体の参入、サービス需要の爆発的喚起などにより、「介護バブル」と呼ばれるまでに、成長産業とされたのです。しかし、バブルは当然、ひずみやゆがみを生み出します。

　それが社会的にあらわになったのが、2006年です。この年、象徴的な出来事が二つ起こりました。一つが、2006年12月の東京都による都内事業所187ヵ所のうち53ヵ所への立ち入り検査の実施です。これが、コムスン事件の発端となりました。もう一つが、2006年10月19日（木）のNHKクローズアップ現代「介護の人材が逃げていく～誰が老後を支えるか～」の放送です。これは、介護業界、介護職に関する決定的なイメージダウンの幕開けでした（両者の詳細については割愛します。ご興味があれば、ネットで検索してください）。

　「介護の会社は儲け主義で不正にまみれている」、「介護の仕事は3Kだが、誰でもできる仕事だから、他の職が勤まらない人たちの吹き溜まりだ」というイメージが喧伝されました。現在でも、介護の仕事には課題が多い（賃金が全産業平均より低い、人手不足、高い離職率など）のは事実ですが、実態以上のイメージの悪化から、いまだに立ち直れていません。事業所単位でも、一度悪くなったイメージを回復するのは、至難の業です。

第 II 部

介護事業経営の課題に
正しく対処しましょう

第4章　人事・人材をめぐる課題と解決へのアドバイス

Headline

1　人の確保のためにできることは最優先で行いましょう

2　職員の教育・育成は「仕組み化」にかかっています

3　リーダー層・マネジメント層をいかに確保・育成できるかが事業発展のカギを握ります

4　多様な人材を活用し、人手不足を解消しましょう

　介護事業所を運営するうえで、経営者の頭を最も悩ませるのが、人事や人材等「人」にまつわる問題ではないでしょうか。本章では、人にまつわる問題を四つに分類・整理し、それぞれについて、どうとらえればいいのかという基本的な考え方や、具体的な解決に向けたアドバイスを紹介していきます。

1　人の確保のためにできることは最優先で行いましょう

　人の問題と言われて、真っ先に思いつくのが、人手の確保の問題になるでしょう。近年では、せっかく新たな事業所を開設したのに、職員の確保がままならずオープンできなかったり、一部のフロアしかオープンできなかったりといったことが頻発しています。

　平成30年8月時点の有効求人倍率を見ると、全体平均1.46倍に対して介護関係の職種では3.97倍と実に2倍以上の開きがあります。背景としては、「2025年問題」等に象徴される介護需要の高まりに対し、3K職場というイメージの蔓延により、介護が不人気職種となってしまっていることが考えられます。

56

　2015年に厚生労働省が発表した「2025年に向けた介護人材にかかる需給推計（確定値）について」という資料によると、2025年には約38万人の介護職が不足すると推計されており、介護職員の不足は国をあげて取り組むべき重要課題となっています。当然、国のほうも処遇改善加算の充実を図ったり、介護職のイメージアップのために予算を割いたりしていますが、個々の事業者の立場で、それらの取り組みの成果を待っているだけではいけません。個々の事業所で人材確保のためにできる施策を立案し、確実に実行していかなければ、人手不足廃業も決して他人事ではないのです。

　人材確保の施策は、二つに分けられます。新たな人材を獲得する施策（採用）と、今いる人を辞めさせない施策（離職防止）の二つです。ただし、労働市場において人材が圧倒的に不足している昨今、力を入れるべきは後者になるでしょう。離職防止の活動をおろそかにして採用活動にばかり注力するのは、底が抜けたバケツで水を汲んでいるようなものだからです。

（1）離職防止 ── 「ご機嫌な職場」をつくるために

　離職防止の施策を考えるうえで、まず押さえておかなければならないのが、実際の介護職員がどのような理由で辞めているのかです。「平成29年度介護労働実態調査」によると、前職の介護職を辞めた理由の上位五つは、次の通りでした。

【1位】職場の人間関係に問題があったため（20.0％）

【2位】結婚・出産・妊娠・育児のため（18.3％）

【3位】法人や施設・事業所の理念や運営のあり方に不満があったため（17.8％）

【4位】他に良い仕事・職場があったため（16.3％）

【5位】自分の将来の見込みが立たなかったため（15.6％）

　ちなみに、「収入が少なかったため」という回答は第6位（15.0％）でした。介護人材の不足について議論する際、給料が低いことばかりが取り沙汰され

ますが、実際の離職理由は、決してそれだけではないのです。特に、離職理由として最も多くあがったのが「職場の人間関係」だったことは着目すべき点と言えます。単純計算で、職場の人間関係が良ければ、離職者のうち5人に1人は辞めずに済んだことになります。

では、職場の人間関係を良くするためには、どうすればいいのでしょう。キーワードは「ご機嫌な職場」です。今いる職員が機嫌良く働ける環境を整備することが、離職防止の一番の近道です。

ご機嫌な職場をつくる三つのポイントは、以下の通りです。

①過重労働の防止

長時間労働や休めない環境など、ワークライフバランスの欠如は、職員のストレスとなります。ストレスを感じている職員は、新人や非常勤職員など、自分よりも立場の弱い職員にそのストレスをぶつける傾向があります。場合によっては、その矛先が利用者に向いてしまうケースもあるため、リスクマネジメントの観点からも過重労働の防止は重要です。

過重労働を防止するためには、労務管理を現場任せにせず、時間外労働や有給消化率などを定期的にチェックし、問題があれば早期に改善できる体制を整えることです。管理職の評価指標に部下の残業時間や有給消化率を含めることも有効でしょう。

②公正・公平な人事処遇制度

職員が安心して機嫌良く働くためには、公正・公平な人事処遇制度が重要です。制度が不透明であったり、一部の管理職の気分や好き嫌いで処遇が決まるような職場では、職員は安心して働くことができません。

また、普通に暮らしていけるだけの給与水準を確保しておくことも、職員の定着率向上のためには重要です。普通の暮らしとは、夫婦共働きで、地方都市なら家が買えて、子ども2人を大学にやれる程度と考えればいいでしょう。平均的な地方都市であれば、入社10年で年収400万円程度が目安にな

ります。

③マネジメント層の教育

職場の雰囲気は、良くも悪くもそこを統括管理する人の質に左右されます。職場の管理者が人格者で、皆が自然についていきたいと思うような人物であれば、職場風土は安定します。一方、管理者が自分のことしか考えず、何かあれば部下に責任を押しつけて逃げるような人物であれば、職員の定着はとてもおぼつかないでしょう。

人格は生まれついての資質の部分もありますが、教育によって後天的に身につく側面もあります。専門職としてのスキルばかりが重要視されがちですが、ご機嫌な職場づくりを考えるなら、管理職の人格教育に力を入れるべきでしょう。

（2）採用

前提として、大きく二つの事業所に分けて考える必要があります。すなわち、新卒採用をしている（あるいは、それが可能な）事業所と新卒採用をしていない（もしくは、難しい）事業所の二つです。

①新卒採用

新卒採用において何より重要なのは、専門学校とのつながりです。特に専門学校の先生と懇意になっておくと、新卒学生を紹介してくれたり、就職を迷っている学生の背中を押してくれたりと、何かと力になってくれます。専門学校とのつながりを強化する方法には、次のようなものがあります。

- ・足しげく通い、顔と名前（事業所名）を覚えてもらう。
- ・介護現場における最近の傾向等、学校に役立つ情報を提供する。
- ・実習の受け入れ先となる、外部講師を引き受ける等、直接相手の役に立つ。

いずれにしても、手間と労力がかかりますので、専門の人事担当を置く余裕のあるような、ある程度規模の大きな法人に限られます。ただし、そこま

で労力をかけられない法人であっても、学校に求人票を送る程度であれば、それほど手間もかかりませんので、やっておいて損はないでしょう。学校に求人票を送る際のポイントは、次の通りです。

- ・初任給は業界や地域の平均からかけ離れたものとならないようにする。
- ・基本給だけでなく、処遇改善や夜勤手当等も含めた平均の月額給与を併記する。
- ・給与以外にアピールできる点があれば、許される範囲で明記する（教育・研修体系、OJT、評価制度、キャリアパス等）。

②中途採用

　中途採用の場合、求人広告を使って募集することがほとんどかと思います。その際、最も重要なことは、採用したい人材のターゲットを明確に絞ることです。経験のある有資格者が欲しいのか、未経験のフレッシュな人材が欲しいのか、採用したい人材のターゲットを明確にしたうえで、そのターゲットに訴求する求人広告を打たなければなりません。

　最悪なのは、「経験者募集（未経験者も歓迎）」といったような広告です。これでは、経験者、未経験者のどちらにも訴求できません。広告費用を節約するため、一度の広告で広く網をかけたい気持ちもわかりますが、結果的にどのターゲットにも訴求できなければそれこそ広告費の無駄です。「一つの広告で一つのターゲット」を徹底するだけで、求人広告の反応が変わってくるはずです。

　また、これは中途採用に限った話ではありませんが、採用において重要な役割を果たすのがホームページです。スマートフォンがこれだけ普及した世の中において、求人広告経由にせよ紹介会社経由にせよ、求職者はこれから応募しようとする会社や事業所についてほぼ間違いなくインターネット検索をします。その際、公式ホームページがなかったり、あったとしても十数年前に職員が手づくりしたものが放置されていたりしたら、応募そのものを見

送られてしまう可能性も高いでしょう。

　ホームページで気をつけるべき点は、次の３点です。

・デザインが古臭くなく洗練されている（スマートフォン対応は必須）。

・理事長や施設長等、経営トップが顔出しで、利用者や職員に対する思いを語っている。

・採用のページが独立しており、内容が充実している（先輩職員のインタビュー記事や入職後の教育研修体制、年次別の年収イメージ、福利厚生制度等）。

その他、中途採用時の留意点は、以下の通りです。

a）採用プロセスには現場のキーパーソンを必ず入れる

　法人本部や経営トップと現場とでは、採用したい人物像や合否基準が自ずと異なります。法人本部や経営トップのみで採用を決めた場合、現場から反発される可能性が高いでしょう。採用後は責任を持って育ててもらうためにも、採用時点から現場のキーパーソンに関わってもらうことが重要です。

b）自法人（事業所）の説明シナリオを準備しておく

　売り手市場の昨今、「選ぶ」というより「選ばれる」と考えたほうが、採用はうまくいきます。面接や見学に訪れた求職者に自法人（事業所）の魅力を伝える説明シナリオを準備しておくことも大切です。また、事業所で働く職員の雰囲気も非常に重要です。普段からそうあるべきではありますが、求職者が来訪する際は必ず事前に現場に伝え、求職者に職員の側から明るく元気にあいさつする等、根回ししておくこともポイントの一つです。

c）面接時に「働くうえで配慮してほしいこと」を聞いておく

　「あなたがここで働くとしたら、われわれのほうで何か配慮できることはありますか」といった質問をすることで、職員を大事にする姿勢、受け入れようという姿勢を示すことができます。また、この質問を投げかける

ことにより、うつ病等の精神的な病気や発達障害の傾向等について、本人が自覚している場合は、打ち明けてくれる可能性が高まります。

d）採用したいと思ったら、面接の場で伝えてしまう

　売り手市場の昨今、求職者が1社しか受けていない可能性は皆無です。ましてや、自法人（事業所）が第1希望である可能性も限りなくゼロに近いと思っておいたほうがいいでしょう。採用面接で少しでも良いと感じた人には、他の事業所からもオファーが殺到することは容易に想像できます。面接時に少しでも良いと感じた場合は、他から声がかかる前に、「採用の方向で考えている」と伝えてしまいましょう。採用となったらいつから来られるか等も確認し、面接の段階で入職までの段取りをつけてしまうことが大切です。

e）ウェルカム儀式と導入研修は必ず行う

　採用後の第一印象が悪いと、早期離職を招く危険性があります。せっかく苦労して採用した職員ですから、採用時の印象もしっかりと担保しておきたいところです。特に入職当日のウェルカム儀式は必須です。忙しい介護現場で、わざわざ時間をとって行うことは難しいかもしれませんが、その場にいる職員だけでも集まって一緒にお菓子を食べる等、簡単なことでも構わないと思います。

　また、いきなり現場に放り込むようなことはおすすめしません。どんな経験者でも、組織やルールについて等、最低限事前に伝えておいてほしいことはあるでしょうし、何より、いきなり現場に放り込まれると、「大切にされていない」、「育ててもらえない」といった印象を与えてしまいます。早期離職を防ぐために、入職時のウェルカム儀式と導入研修は必須です。

③派遣社員の活用

　人手不足の昨今、派遣社員の活用にも触れておかなければならないでしょう。派遣社員のメリットは、急に人が必要になった場合や一時的な求人ニー

ズに対し、比較的迅速に応えることができる点、また、看護師等の有資格者や専門職をピンポイントで確保しやすい点があげられます。反面、デメリットとして、コストが非常に高いこと、派遣で働く人の傾向として、勤務条件や待遇を重視する一方で組織に対する帰属意識は持ちにくいことがあげられます。

このようなメリット・デメリットを考えれば、派遣社員の活用はあくまで一時的な欠員補充や一般募集では確保が難しい専門職員の範囲にとどめるべきです。人手不足ゆえのことだとは思いますが、派遣の介護職員をチームの主要メンバーとして恒常的に活用している事業所も散見されます。そのような状態を続けることは、コストの面からも職場風土の面からも、あまりおすすめできません。

2　職員の教育・育成は「仕組み化」にかかっています

深刻な人手不足に見舞われている介護業界において、初めから優秀な介護職員を採用できる可能性は限りなくゼロに近いと考えておいたほうがいいでしょう。

採用時に優秀な職員を確保できないのであれば、採用後に自法人で育てていくしかありません。また、人材育成のために職員に目をかけ手をかけることは、職員の定着率向上にも大いに関わってきます。

つまり、これからの介護業界において、採用後に人材を育てられるか否かは、事業の成否を分ける最重要ポイントになってきていると言っても決して言い過ぎではないのです。

では、自法人で職員を育てるためのポイントは何でしょうか。それは、人材育成を属人的なものにせず、仕組み化することです。「属人的」とは、「管理者次第」ということです。たまたま人格的に優れていて面倒見のよい育て上手の管理者がいれば、人材育成はうまくいくかもしれませんが、そうでな

い管理者であった場合は最悪です。誰が管理者であっても、一定程度は人材育成が標準化されており、職員の誰もが等しく教育・研修を受けられることが、仕組み化の大きなメリットです。ここでは人材育成の仕組みとして、研修体系、OJT制度、評価制度の三つに絞り、その構築方法や活用ポイントなどをお伝えしていきます。

（1）研修体系の整備

人材育成と言われて真っ先に思い浮かぶのは、研修ではないでしょうか。研修の最大のメリットは、やや高度で専門的な内容であっても、全体像を示しながら体系立てて順序良く教えることができる点です。また、新人研修等に代表されるように、研修ニーズが同じ対象者が複数人いれば、一度に効率良く育成することができます。

一方で、研修に出ている間は現場から抜けなければならず、体制に余裕がないと参加させられないというデメリットもあります。また、外部の研修を活用する場合には、自法人の方針に合わない、質の低い研修に当たってしまう等のリスクもあります。当然ながら、コストもそれなりにかかるでしょう。

こうしたメリット・デメリットを理解したうえで、後述するOJT制度と組み合わせ、教える内容や状況によって上手に使い分けることが大切です。

研修については、ひとまず目についた研修に行かせるだけの場当たり的な活用にとどまっている事業所が多いように見受けられます。しかし、研修を組織の中で人材育成の仕組みとして位置づけ、最大限に効果を得ようと考えるのであれば、場当たり的な研修から意図的・計画的な研修にシフトすることが重要です。

意図的・計画的な研修を実施するためには、研修体系を整備することをおすすめします。研修体系を整備する際には、以下の三つの視点で考えるといいでしょう。

①階層別の視点

　新人・中堅・管理職といった階層別に受講すべき研修を整理するのが、階層別の視点です。その際、キャリアパスや等級制度とリンクさせるのが基本です。それぞれの等級や成長ステージに合わせて、身につけるべき内容を盛り込んでいきます。また、階層別の研修で重要なことは、その階層に属する職員は全員同じ内容の研修を受講させるということです。ある職員は受講しているのに別の職員は受講していないといったことがあると、そもそも不公平ですし、組織の理念や方針、考え方などにブレが生じる原因になります。

　初めから盛りだくさんの研修体系にしてしまうと実施が大変ですし、絵に描いた餅で終わってしまう可能性も否定できません。最初は最低限で構いませんので、少なくとも下表のような内容の階層別研修を整備しておくことが望ましいでしょう。

②専門スキル／ヒューマンスキルの視点

　専門スキルとヒューマンスキルのバランスを考慮することも大切です。専門スキルとは、介護や医療といった専門的な知識やスキルのことです。一方、ヒューマンスキルとは、介護や医療に限らず、どのような職種であっても仕事をするうえで求められるスキルや知識を指します。

　先ほどの階層別の視点と組み合わせて、次ページの表のようにそれぞれ

階層別研修の例

階層	研修名	主な内容
管理職	管理職研修	人事労務、財務会計、経営計画等
中間指導職	考課者研修	考課の目的・考え方・具体的方法、面接方法等
中堅職員	OJT リーダー研修	OJTリーダーとしての心構え、OJTの進め方等
一般職員	ビジネススキル研修	コミュニケーション、タイムマネジメント等
新入職員	新人研修	法人理念・組織、就業ルール、ビジネスマナー等

階層別に求められる専門スキルとヒューマンスキル

階層	専門スキル	ヒューマンスキル
管理職	社会福祉法人会計、事業計画等	人事労務、財務会計、経営計画等
中間指導職	スーパーバイズ、ケアプラン等	部下育成、問題解決、企画開発等
中堅職員	困難ケースへの対応、家族支援等	OJT、ファシリテーション等
一般職員	認知症ケア、自立支援等	コミュニケーション、時間管理等
新入職員	基本の介護技術（三大介護）等	あいさつ、言葉づかい、身だしなみ等

必要な要素を整理していくと、研修体系や研修内容を検討する際に参考になるでしょう。介護事業所の多くでは、専門的な研修が重視されがちですが、土台にヒューマンスキルがあってこそ専門性が活かされることを念頭に、ヒューマンスキルについてもおざなりにしないことがポイントです。

③職種別・部署別の視点

最後に、職種別・部署別の視点もあります。介護事業所には、介護職員以外にも看護師、栄養士、リハビリ職、相談員、事務員など、さまざまな職種の職員が働いています。その職種だけに求められる内容については、職種別に整理しておくことも必要です。また、部署によってその部署だけに求められるスキルや知識等があれば、部署別の視点も必要です。

（2）OJT制度

OJTとは（On-the-Job Training、オン・ザ・ジョブ・トレーニング）の略で、現場で仕事をする中で行われる教育・訓練のことを指しています。人材育成をほぼOJTに任せている事業所も多いのではないでしょうか。

前述した研修には時間もコストもかかりますし、何よりある程度体制に余裕がないと実施することが難しいため、小規模の事業所にとってハードルが高いのは事実です。

また、体系立てた知識を伝えるのには研修は向いていますが、細々とした

手順や作業のコツなどは、研修で伝えるよりも現場で実際にやってみせ、やらせてみながら指導するほうが有効です。そのため、多くの事業所が人材育成のほとんどをOJTに頼ってしまうのも無理からぬことだと理解できます。介護事業所における人材育成の8割以上をOJTが占めていると言っても過言ではなさそうです。

　それほど大事なOJTであるはずなのに、OJTについて真剣に考える、効果的なOJTが行われるよう担当者を育成する、OJTツールを整備するなどの対策を講じているケースは、残念ながら非常に少ないのが実情です。人材育成の8割を占めるOJTの質を高めれば、その効果は計り知れないものになります。OJTの効果を高めるためのポイントは、以下の通りです。

①OJTリーダーを正式に任命する

　OJTをやっていると言いながら、明確に担当者を決めていない事業所も多いようです。たまたまシフトが一緒になった先輩が教えるようなやり方では、そもそも教える側の先輩職員に責任感が生まれません。また、指導される側の新入職員も、困ったときに誰に相談すればいいのかわかりません。

　担当を決めたからといって、常に同じシフトは組めないかもしれませんが、少なくとも「その新人職員の教育担当は○○君だ」とOJT担当者本人や周囲に伝えておけば、その新入職員に何かあった場合は担当者へ情報が自然と集約されます。新入職員の側も自分の教育担当者を明確にしてもらえれば、相談しやすくなります。

②OJTリーダーにはあらかじめ専門の教育を施しておく

　よくよく考えればわかることなのですが、仕事ができることと仕事を教えるのが上手ということには、何の因果関係もありません。むしろ無意識に何でもソツなくこなしてしまう職員は、できない人の気持ちや、できない人が何につまづくのかが理解できないので、指導には一番向いていないとも言えます。

　そのような状態のまま、OJT担当として新人の育成を任せてしまうと、取り返しのつかないことになります。「何でこんなこともできないの」、「前にも教えたよね」、「何回言えばわかるの」、「こんなの見ていればわかるでしょ」……このようなセリフで新入職員を追い詰め、うつや退職に追い込んでしまいます。苦労して確保した新入職員を現場に丸投げした結果、みすみす潰してしまったといったことが多くの事業所で起こっているのです。

　このような結果にならないためにも、OJTを担当する職員には、あらかじめ人材育成の基本を教えておくことが非常に重要です。OJTを担当する職員に最低限伝えておきたいポイントを次にあげておきますので、参考にしていただければと思います。

- ・OJT計画（いつまでにどのような姿に育てたいのか、そのために何をするのか等）
- ・信頼関係の重要性（信頼関係が土台になければ人材育成はできない等）
- ・仕事の教え方4段階（やってみせ、言って聞かせてさせてみて、褒めてやらねば…等）
- ・褒め方・叱り方（結果よりもプロセスを褒める、感情的に叱らない等）
- ・経験学習サイクル（仕事の意義・目的を理解させる、振り返りから学ばせる等）

③教えるべき内容を標準化（文書化・マニュアル化）しておく

　OJTで一番問題になるのが、人によって言うことが違うケースです。例えば、食事の準備の際、A先輩からは「先にお茶を用意しておいたほうが効率がいいから、そうしてね」と言われたので、そのようにしていたら、後日、B先輩から「お茶を先に入れてしまったら、冷めてしまうじゃない。仕事の効率を優先して、利用者をないがしろにしてはダメよ」と小言を言われてしまったようなケースです。

　このようなことが積み重なると、新入職員は混乱し、大きなストレスを

抱えることになります。「A先輩からそうするように言われたんです」と言える職員ならまだマシかもしれませんが、仮にそう言えたとしても「それはA先輩が間違ってるの」と言われておしまいです。B先輩もA先輩にいちいち「そのやり方は間違っていますよ」と言ったりしません。これも介護事業所でよくある話なのですが、ベテラン同士、互いのやり方に口を出さないという不文律ができあがってしまっているのです。

　かくして、新入職員はA先輩と一緒のときとB先輩と一緒のときでやり方を変えるしかなくなります。ただでさえ覚えることが多いのに、一緒にいる職員によって異なるやり方を覚えるなど、ムダ以外の何物でもありません。

　このような弊害を防ぐためには、誰もが同じやり方で業務ができるよう、業務を標準化しておく以外にありません。初めからすべてをマニュアル化しようとすると膨大な労力がかかってしまうので、まずおすすめは次の2点を少しづつ整備していくことです。

●業務表：シフト別に時間軸に沿ってやるべき業務が書かれているもの（シフト別タイムスケジュール兼やることリスト）

●作業手順書（マニュアル）：業務表に書かれた主な作業（やること）について、その具体的なやり方や手順、注意事項が書かれたもの

　この業務表や作業手順書に沿ってOJTを行えば、人によって言うことが違う問題も防ぐことができます。また、ここで重要なのは、シフトの業務や作業のやり方を変える際には、必ず業務表や作業手順書も同時に変えるということです。業務改善委員会などを立ち上げ、毎年定期的に業務を見直し、それに合わせて文書の改訂を行うことができれば、OJTの枠を超え、介護サービスの質の向上につながる活動になります。

（3）評価制度と理想の職員像

　人材育成の仕組みとしてうまく機能すれば最も効果的なのが、評価制度です。評価制度と言うと、できない人を厳しく罰する査定のイメージを持たれ

る方も多いかもしれませんが、評価制度の本来の目的は人材育成です。

　人材育成を目的とした評価制度は、絶対評価で行うことが基本です。ちなみに、評価の方法には「絶対評価」と「相対評価」があります。それぞれの違いは、次の通りです。

- ●絶対評価：基準に対する達成度を一人ひとり個別に評価する方法（基準を満たしていれば全員A評価という場合もあれば、逆に全員C評価という場合もある）
- ●相対評価：人と人を比べて評価する方法（職員に順位をつけて、上位何割をA評価、次の何割をB評価…、といった具合にあらかじめ割合を決めて評価する）

　査定を目的にするのであれば相対評価でも構いませんが、その場合は職員同士の競争となることを覚悟しなければなりません。また、相対評価はまわりとの比較で評価が決まりますので、自分が頑張らなくても（成長しなくても）、まわりにレベルの低い職員が多ければ自分の評価が上がります。しかし、それは個人の成長や組織としての人材育成とは関係ありません。

　絶対評価を実施する際に最も重要なのが、評価基準となる理想の職員像です。通常は、人事考課表の考課項目に落とし込まれてきます。例えば、「誰にでも元気で明るいあいさつができたか」、「チームで仕事をしていることを意識し、職員同士助け合うことができたか」といったものです。これらは、インターネット等で調べれば、いくらでもそれらしいものが出てきますが、あくまでも法人・事業所のオリジナルなものにこだわるべきでしょう。なぜなら、理想の職員像は、その組織の理念や方針、置かれている環境により異なるはずだからです。

　また、理想の職員像づくりは、一部の経営トップだけでなく、広く職員も巻き込んで検討することをおすすめします。少なくとも現場のリーダークラスの意見をふんだんに盛り込むことで、上から押しつけられた感覚を軽減し、

リーダークラスに当事者意識を持たせることができます。

　評価制度においてもう一つ重要なのが、評価する側となるリーダー層職員の教育です。評価制度について正しく理解させ、的確に実施できるようにすることももちろん大切ですが、それ以上に大切なのが、リーダー層職員に職員育成が自らの仕事であると思ってもらうことです。リーダー層職員に部下育成に対する理解と情熱がなければ、いくら評価制度という人材育成ツールを与えても宝の持ち腐れになってしまうどころか、最悪の場合はむやみに部下を傷つけてしまう凶器になりかねません。

　「職員の育成は施設長の仕事でしょう」、「ただでさえ忙しいのに、部下の面倒なんて見てられません」といったリーダー層職員の意識は、一朝一夕には変わりません。徹底した考課者研修を何度も繰り返し、継続的に行っていく以外に方法はありません。

3　リーダー層・マネジメント層をいかに確保・育成できるかが事業発展のカギを握ります

　今後、介護事業を拡大していくにせよ、維持していくにせよ、ポイントになるのが、現場でマネジメントができるリーダー人材の確保・育成です。

　前述の通り、現場の仕事においていかに優秀であっても、人を動かし育て、チームをまとめるといったマネジメントの技術が身についている保証はありません。

　それでは、現場の介護もわかっていて、マネジメントもできるリーダー人材をどのように確保していけばいいのでしょうか。考えられる方法は、以下の三つしかありません。

（1）介護業界内からの中途採用

　これが可能であればベストですが、正直あまり期待しないほうがいいでしょう。その理由は、業界自体にマネジメントを理解し身につけている人材

がそもそも少ない、また、そのような人材は現在就業している事業所で既に厚遇されているはずで、中途採用市場にはなかなか出てこないと考えられるためです。ごくまれに元施設長や元管理者といったリーダー人材らしき人物が一般求人に応募してくる場合もありますが、そのようなケースは実は前職でトラブルを起こしていたりする場合もあり、手放しで飛びつくと痛い目を見ることがあります。

　確実なのは、既に他事業所で活躍している管理者クラスに直接声をかけてスカウトする方法です。いわゆる引き抜きになりますので、近隣の事業所であれば関係性の悪化は避けられない点に注意しましょう。また、既に厚遇されている管理者クラスを引き抜くわけですから、それなりの待遇を用意する必要があります。仮に引き抜きが成功したとしても、他からさらに厚遇を提示され引き抜かれてしまうリスクも考えられます。

　他事業所の管理者クラスを誘うときは、処遇ではなく、あくまで本人が興味を持つような新規事業や、本人が抱える問題意識に応えることができるようなポスト等、仕事のやりがいで勝負すべきでしょう。その場合も、あくまで本人が自分の意思で転職を決めたという体裁を崩さないことが重要です。

（2）介護業界外からの中途採用

　この方法も可能性がないわけではありませんが、いくつかの問題をクリアする必要があります。

　まず、給与水準の問題です。他業界でマネジメントを身につけた人物が満足するような給与水準を提示できるかどうかの問題です。また、たとえマネジメント層の採用であろうと介護が不人気業界であることに変わりはありませんので、どのような魅力で他業界のマネジメント職を引っ張ってくるかも問題です。

　さらに、いざマネジメント職として迎え入れた際に必ず出てくるのが、「現場を知らない管理職」問題です。現場のことは後から勉強すれば十分に身に

つけられるのですが、現場の職員はそうは思いません。「現場経験もないくせに、何がわかるんだ」とことあるごとに言い続けますので、よほどの管理者でないとなかなか現場を掌握できません。

　以上のようなことから、この方法もなかなかハードルが高いのが現実です。ただ一つ可能性として考えられるのが、自身の親の介護等をきっかけに介護業界に興味を持ったシニア層の活用です。他業界で長年ビジネスマンとして活躍しマネジメント経験も十分なシニア層の活用は、労働人口が急激に減少するであろう日本においては、社会的にも意義ある取り組みと言えます。

　唯一のネックは年齢層がかなり高くなってしまう点ですが、今は年齢が高くても元気な人が多いので、体力面はそれほど心配する必要はないでしょう。むしろ、現場の職員とのジェネレーションギャップや、頑固でプライドが高い等、一部の高齢者に特有の性質が問題となる場合があります。年齢が高くても謙虚で柔軟性があり、人格的にも尊敬できる人をマネジメント層として迎え入れ、活躍してもらっている事業所もあるようです。そのような縁があれば、前向きに検討してみるのも一つの手と言えるでしょう。また、現場を知らないという問題を克服するために、あえて最初の数ヵ月は介護の現場に入ってもらったり、初任者研修を受講してもらう等の方法も有効です。

（3）自法人内・自組織内での育成

　前述の通り、外部からの中途採用は相当ハードルが高いのが現状です。やはり、リーダー人材は自法人で地道に育てていくのが一番の近道かもしれません。ポイントは以下の三つです。

①キャリアパスの活用

　リーダー人材を自法人で育てると決めたなら、まずはキャリアパスで理想の管理者像とそこに至る道筋を明確に示すことです。

　キャリアパスとは、平たく言うとキャリアアップの道筋です。もう少し詳しく言うと、事業所の中で、どのような仕事をどれくらい経験し、どの程度

能力が身につくとどのようなポストにつけるのかを明確に示したものです。

　詳細な説明は省きますが、仮に中間指導職にはどのような役割が期待され　どのような能力が求められるのか、またそこへステップアップするためには　どのような経験や能力、資格等が必要なのかを整理し、それに基づいてリー　ダー人材の育成を行っていく必要があります。

②管理者の育成教育の仕組み化

　「職員の教育・育成」の項で述べた通り、リーダー育成も仕組み化すること　が重要です。特に、「リーダーとは何か」、「リーダーにはどのような役割が　期待されるのか」、「リーダーが身につけるべきスキルは何か」といったリー　ダーシップの理論を体系立てて教える研修は必須です。

　また、日々リーダーとしての役割が果たせているかどうかをチェックする　リーダー向けの評価基準の整備も必要不可欠です。これも「評価制度」の項　で述べた通りですが、事業所が求める理想のリーダー像を人事考課表の評価　項目にわかりやすく落とし込むことが重要です。

③ロールモデル（お手本となる人）の明確化

　事業所でリーダー人材が育たない最大の原因は、お手本となるリーダーが　存在していないことです。理想的なリーダーの下で働いたこともなく、まし　てやそのようなリーダーに会ったこともない職員にリーダーになれと言って　も、何をどのようにすればいいのか、皆目見当もつきません。「リーダーに　なれ」と言っている経営トップ本人にさえ、理想のリーダー像が見えていな　い場合も多いのではないでしょうか。

　既に理想的なリーダーが事業所で活躍しているのであれば、そのリーダー　をロールモデル（お手本）とすることができますが、そのようなリーダーが　存在しないのであれば、まずは経営トップ自らが理想のリーダーのロールモ　デルとなるしかありません。

　外部の研修に出てリーダーシップやマネジメントの理論について学ぶ、ビ

ジネス書籍で勉強する等を通して、まずは自分自身がリーダーシップやマネジメント力を身につけることが大事です。それを事業所の中で実践し、次の管理者クラスに手本を示します。

　管理者クラスが育ってくれば、次の世代へとバトンが引き継がれていくことになりますが、最初のバトンは経営トップ自らつくり出すしかありません。

4　多様な人材を活用し、人手不足を解消しましょう

　最後に、多様な職員の活用について述べたいと思います。「採用」の項でも述べましたが、人手不足の昨今、理想とするような優秀な職員に巡り合うことは困難な状況です。「正直、この人はどうかな」と疑問を感じるような人でも採用せざるをえないのが現実ではないでしょうか。

　単に、若いとか経験がないというだけなら、採用後に育てていけばいいのですが、それだけではない人材も増えてきています。また、外国人や高齢者、時間の制約がある子育て中の主婦等、今までは戦力としてあまり真剣に考えられていなかった層も、これだけ人材が不足している昨今では、うまく活用していく必要が出てきています。そこで、ここでは以下のような多様な人材を上手に活用していくためのポイントをいくつか示したいと思います。

（1）外国人

　「人の確保の問題」で述べた通り、近い将来深刻な介護人材不足が懸念されている中、その解決策の一つとして国が打ち出しているのが、外国人材の受け入れです。既に「EPA」や「在留資格（介護）」、「技能実習（介護）」といった仕組みがありましたが、2019年に新たな仕組みとして「特定技能1号（介護）」が始まりました。国はこの仕組みを活用して5年間で最大6万人の受け入れを想定しています。

　受け入れには初期費用がかかりますし、語学学習や生活面も含めたきめ細かいサポートが必要になります。1人の採用にそれだけのコストと手間暇を

かけることは現実的ではないでしょうから、実際には複数人をまとめて継続的に受け入れることができるような一部の大規模法人に限られるのではないかと思います。今後のことも考え、外国人を受け入れる際の一般的な留意点を、以下に示しておきます。

- ・一緒に働くことになる日本人職員には、事前に十分な説明を行い、協力を仰ぐ。
- ・宗教や文化の違いを職場全体で理解し、必要な配慮を行う。
- ・コミュニケーションの課題に備え、日本語のサポート体制を整えておく。
- ・外国人向けのマニュアルやOJT等、日本人以上に丁寧な教育体制を整備する。
- ・行政手続きや住居の手配、メンタルや健康面のサポート等、生活面も支援し、異国で働く不安を払拭する。
- ・在留資格の確認や必要な届出等、不法就労とならないよう在留管理を徹底する。

（2）時間に制約のある職員

　子育て中の職員や親の介護を抱えている職員等、働く時間に制約のある職員が増えてきています。比較的人手に余裕があった時代は、そういった職員にはいったん退職してもらって、子育てや介護が一段落して、縁があれば再度雇用するケースもあったようですが、人手不足の昨今、そのような対応では、すぐに人手が足りなくなってしまいます。また、こうした職員にあまり無下な対応をしてしまうと、職場復帰の際は別の法人に行かれてしまうことにもなりかねません。

　時間に制約のある職員を上手に活用するポイントは、以下の三つです。

①勤務時間の制約の度合いに応じ適切な処遇差をつける

　夜勤ができない、早番ができない、6時間の育児短時間勤務である等、時間に制約のある職員を雇用する際、問題になるのが、結果的にその穴を埋め

ることになるそれ以外の職員の不平や不満です。

　夜勤や早番が増えたり、負担の大きい無理なシフトを組まざるをえない可能性も出てきます。夜勤手当を手厚くする、シフトに制約のない職員には賞与を厚くする等、時間の制約の度合いに応じて明確な処遇差を設けることで、少しでも不平や不満を解消することが大切です。

②法やルールの話にせず、一緒に働く仲間として互いに歩み寄る努力をする

　育休や産休、育児短時間制度等は法で定められた権利です。労働者の立場で考えれば、使える権利は十二分に行使したいと考えるのは、しごく当然のことです。

　とはいえ、経営者の立場で考えれば、育休・産休が何人も続いたり、育児短時間制度を利用する職員が同時に何人も出てきてしまうと、事業所運営が立ちいかなくなってしまいます。そんなときは、一緒に働く一人の人間として、真摯に相談してみてはいかがでしょうか。

　その際、法やルールの話にしてしまうと、「法律で認められた権利だから」の一言で終わってしまいます。そこで、法やルールの話はひとまず脇に置いておき、共に働く仲間として互いに歩み寄る余地が本当にないのかどうか、職員と一緒に考えてみる姿勢が大切です。育児中の職員の中には、近所に両親がいて育児短時間制度を使わなくても何とかなりそうな人や、夫が早く帰れる日があるので週に2日は8時間働ける人がいたりします。その際、前項で述べた処遇差も有効な説得材料となってきます。それ以外にも、職員の要望（急な休みについても最大限協力してほしい、あらかじめ決まった日に休みたい等）に対し、可能な範囲で歩み寄ります。

　法やルールの話ではなく、人間対人間として互いにできることを持ち寄り、協力し合おうとする姿勢がポイントです。

③手薄な時間帯をカバーする人材の確保を試みる

　時間に制約のある職員が増えると、ある時間帯が手薄になってしまいます。

一般的には、早番や遅番、夜勤ができる職員が少なくなりがちです。

そんな際は、思い切って夜勤専門の職員や早番の時間帯だけ、あるいは遅番の時間帯だけ勤務できるパート職員を募集してみるのも一つの方法です。「採用」の項でも述べた通り、「夜7時から10時まで働ける方募集」といったように明確にターゲットを絞って募集をかければ、ちょうどその時間だけ働ける求職者の目にとまる可能性も高まります。これだけ価値観が多様化した世の中ですから、夜だけ働いて日中は趣味の活動に使いたい人も少なからず存在しているはずです。

（3）高齢者

「リーダー層の確保・育成」の項でも軽く触れましたが、今後は高齢者の積極的な活用も視野に入れる必要があります。年金の支給開始年齢を65歳から70歳に遅らせる議論が盛んに行われていますので、近い将来70歳までの雇用が義務化される可能性も否定できません。70歳までの雇用義務化は一般的に企業の負担となりますが、人手不足にあえぐ介護業界にとっては一概に負担増とは言い切れません。

高齢者の積極的な活用を考えるのであれば、70歳までの定年延長や定年制廃止も現実的に議論していく必要がありそうです。

（4）その他、特別な配慮が必要な職員

その他、特別な配慮が必要な職員として、代表的な以下の三つのタイプについて考えてみたいと思います。

①メンタル疾患を抱えた職員

メンタル疾患を抱えた職員も確実に増えています。特に介護は対人援助職で、俗に言う感情労働ですので、一般的に高ストレスな職場でもあります。介護職でメンタルを患って退職し、その後一定の回復を待って、同じ介護業界に復帰してくる職員も少なくありません。

メンタル疾患の特性としては、回復したように見えてもストレスがかかる

と再発しやすいという点です。いったんメンタルを患うと、休職・復帰を繰り返すなど長期の療養が必要となります。そういった意味では予防が何より重要で、既に病歴のある職員については細心のケアが必要になります。

　何よりメンタル不調を抱えた職員を把握しておくことが重要ですが、本人の口からはなかなか言い出しにくいのが現実です。その際、「採用」の項で述べたような「あなたがここで働くとしたら、われわれのほうで何か配慮できることはありますか」といった質問は有効でしょう。

　メンタルを患いやすいのは、責任感の強い真面目な性格の人であると言われています。真面目で責任感があるからといって、本人の意向を無視してリーダーを押しつけたりすると、メンタルを患うリスクが高まりますので注意しましょう。

　むやみにストレスをため込むことのないよう、定期的に話を聞く機会を設ける、上手にストレスを解消する方法を伝える、相談窓口を設置する等、事業所をあげてメンタルヘルスケアに取り組むことが、結果としてメンタル疾患を抱えた職員のケアにもつながっていきます。

②発達障害特性のある職員

　近年、発達障害の特性を持った職員も確実に増えています。これも採用時の「あなたがここで働くとしたら、われわれのほうで何か配慮できることはありますか」という質問で、ある程度、事前に把握することが可能です。

　このような職員を上手に活用していくためには、まずは発達障害について管理者が正しく理解しておくことが重要です。例えば、発達障害は脳の障害であり、本人の努力ややる気とは無関係であるといったことを理解しておかないと、本人をむやみやたらに責め立ててしまい、逆にパワハラで訴えられかねません。

　発達障害と言っても、その特性は千差万別です。一般的には、次のような特徴があると言われています。

コラム　話題の取り組み2
要介護者がする仕事

　サービス付き高齢者賃貸住宅「銀木犀」の駄菓子屋のお店番、デイサービス「夢のみずうみ」での見学者案内役など、要介護の利用者が働く取り組みは増えています。そしてこの本格的な取り組みが、伸こう福祉会「クロスハート石名坂・藤沢」で事業化された野菜づくりという仕事です。経済産業省「仕事でイキイキ高齢者健康延伸事業」として補助金の対象にもなっています。要介護入居者でも作業のしやすいビニールハウスで野菜づくりをして、収穫野菜はイオングループの店舗や地元のレストランに納品されています。農作業に参加した入居者には、活動に応じて謝金が出ます。

　「クロスハート石名坂・藤沢」は仕事があるホームとして評価が高まっています。また、「銀木犀船橋夏見」は併設するレストラン「恋する豚研究所」で、入居者を正式に雇用する試みを始めています。

　「人生100年時代」に突入した今、要介護高齢者は労働力としてカウントされることになりそうです。高齢者施設でも、要介護の利用者に可能な限り仕事をしてもらうという発想の転換が必要かもしれません。

・人の気持ちを察したり、場の空気を読むことが苦手。

・人とのコミュニケーションが苦手。

・急な変更や臨機応変な対応が困難。

・うっかりミスや仕事の抜け漏れが多い。

・一つのことに集中することが難しい。

・逆に集中しすぎて、まわりが見えなくなってしまう。

・物事を計画的に進めることが苦手で、期日や時間を守ることが難しい。

　前述の通り、人によってその特性は千差万別ですので、実際はその職員の得手不得手を十分に把握したうえで、それを周囲も理解し、配慮をめぐらせる必要があります。例えば、「業務指示は具体的に、できれば紙に書いて伝

える」、「仕事の抜け漏れを防ぐためにチェックリストを用意する」、「いつも
と異なる対応を求める際は、なるべく早めに予告しておく」等です。可能で
あれば、特性に合った仕事を割り振るなど、配置上の工夫も必要でしょう。

③LGBT

　LGBTとは、次の四つの言葉の頭文字を合わせたものです。

　L（レズビアン）：性自認が女性の同性愛者

　G（ゲイ）：性自認が男性の同性愛者

　B（バイセクシュアル）：男性・女性の両方を愛することができる人

　T（トランスジェンダー）：主に身体的な性別と性自認が一致しない人

　2018年に電通が行った調査では、日本におけるLGBTの割合は8.9％と
いう結果が報告されています。30人のクラスには、単純計算で2〜3人は
いた計算になります。外見ではわかりませんし、周囲に隠していることも多
いため、実感はないかもしれません。今後はそのような方々への配慮も必要
になってくることは間違いありません。

　一般企業では、LGBTフレンドリー（LGBTの人々に対して温かく開かれ
た状態であること）を採用上のウリにしているところも増えてきています。
具体的な取り組みは企業によってさまざまですが、次のような取り組みが推
奨されています。

・社内規定の整備（差別禁止の明文化など）

・福利厚生の充実（正しい知識を伝える社員教育や同性カップルに対する
　異性カップルと同等の対応など）

・CSRとしての対応（関連イベントへの参加・協賛など）

　トイレや更衣室をどうするか等、実際には難しい問題も多くありますが、
まずは本人の要望に真摯に耳を傾けること、偏見をなくすための社員教育
等、多様性を尊重した事業所となるべく努力することが、LGBTも含む多様
な職員を尊重することにつながります。

失敗に学ぶ：採用しても採用しても辞めてしまう

　職員の採用、労務管理、人事、教育については、現場は失敗の山です。これは、介護業界に限りません。人の問題については、どこでも、いつでも悩ましいものなのです。

　介護業界における退職理由の調査（さまざまな調査、アンケートがあり、結果は一定ではありませんが）では、人間関係や、事業所の理念・考えについていけない、給与面の不満、将来への不安などが上位にきています。

　それぞれ別の対策が必要なのですが、少なくない現場で、ズバリ「職員を辞めさせる職員」が存在する事実に目を背けてはいけません。男女を問わず、お局さま化の度合いがひどくなりすぎた人々です。

　彼ら、彼女らには、実際少なからず悪意がある場合と、悪意なく他人を傷つけてしまう場合とがあるようです。もちろん、私たちも悪意なく他人を傷つけてしまうことはありますが、彼らの場合、その頻度があまりにも多すぎます。

　実際に、新人職員などが、仕事ができないという理由でパワハラやセクハラまがいの仕打ちを受けて、辞めていく場合が少なくありません。

　離職率が30％以上あった職場がある特定の職員2人を異動させたら、離職率が10％以下に激減した実例があります。「指導」や「しつけ」に名を借りた嫌がらせは、あなたの職場にも潜んでいるかもしれません。

第5章

財務をめぐる課題と解決へのアドバイス

1　純利益が借金の返済額を上回れば、健全な経営と言えます
2　求められる純利益から必要となる売上を逆算します
3　損益分岐点を把握したうえで、収支改善策を立てましょう
4　PL上の損益と実際のお金の動きにはズレがあります
5　急な出費を見越しておきましょう
6　削減すべき費用と削減してはいけない費用があります
7　借入れと補助金・助成金をうまく利用しましょう
8　財務戦略から経営の好循環をつくりましょう

　介護事業は、株式会社、合同会社、医療法人、社会福祉法人、NPO法人など、さまざまな法人によって運営されています。それぞれの法人によって会計基準が異なりますが、原則は同じです。本章では、介護事業所の財務問題に対し一般会計原則をもとにアドバイスしていきますが、必要に応じてご自身の関わる法人会計基準の科目へ置き替えてお読みください。

1　純利益が借金の返済額を上回れば、健全な経営と言えます

　新たに事業を始める場合、もちろん介護事業所を開設する場合も、初期投資としてまとまったお金が必要です。そのお金は、金融機関などから借り入れる場合がほとんどでしょう。すると、金融機関から返済計画表が提示されます。そこに記載されている月々の返済額が、出すべき利益額となります。つまり、「利益はどのくらい出せばいいのか」に対する答えは、「月々の返済

額以上を利益として稼ぎ出しましょう」ということになります。

　当たり前のようですが、もう少し解説していきましょう。利益とは、シンプルに言えば、収入から費用を差し引いた儲けのことですが、一般会計原則には、利益がより細かく区分されています。「売上総利益」、「営業利益」、「経常利益」、「税引き前当期純利益」、「当期純利益」などです。利益として月々の返済額以上を稼ぎ出さなくてはいけないという場合の「利益」とは、最後にある当期純利益のことを指します。では、当期純利益はどう算出するのか。それぞれの利益から順に説明します。

（1）売上総利益

　売値から原価を引いた利益のことで、粗利と呼ばれるものです。おやつを80円で仕入れ（原価）100円で販売する（売値）と、20円が売上総利益ということになります。介護事業所では、事業所の総収入から当月に発生した食材費などを差し引いて売上総利益としているところもあります。

（2）営業利益

　売上総利益から販売費および一般管理費を差し引いた利益のことです。介護事業所における販売費および一般管理費には、事業所の運営に必要な費用が計上されます。例えば、職員の人件費、社会保険料、通勤費、水道光熱費や地代家賃、車両関連費用、ボールペンからレクリエーションに使用する画用紙などです。

（3）経常利益

　営業利益へ営業外収益を加え、営業外費用を差し引いた利益のことです。介護事業所では、主に事業所運営に必要な現金のやりくりに付く利子が計上されます。例えば、営業外収益には現金預金へ付いた利子など、営業外費用には借入れに付いた利子などです。

（4）税引き前当期純利益

　経常利益へ特別利益を加え、特別損益を差し引いた利益のことです。その

年だけ発生する特別な利益や費用を計上します。例えば、所有していた土地を売却して得た利益や災害で発生した損失などです。

（5）当期純利益

税引き前当期純利益から法人税などを差し引いた利益です。税引き後利益とも呼ばれます。法人格や規模などに応じて定められた法人税を申告納付したうえでの純粋な利益であり、1年の法人経営の成果となります。

毎月出すべき利益とは、当期純利益（＝税引き後利益）のことです。この当期純利益が月々の返済額と同額以上であれば、健全な運営と言えます。

2　求められる純利益から必要となる売上を逆算します

では、当期純利益を月々の返済額以上にするために必要な月々の売上金額はいくらでしょうか。自分たちの運営する介護サービスで目標とする売上を達成するためには、何人の利用者が必要になるのでしょうか。これらの数値を、現場の管理者や職員と共有しておきたいものです。

介護事業は、介護保険制度でそれぞれに報酬が定められていますから、サービスの種類と人員数、規模などから最大売上高が決まってきます。1拠点の1月当たりの売上高は、「定員×平均顧客単価」で計算できる仕組みになっています。

例えば、1日当たり20名定員のデイサービスで、通常規模、25日稼働、平均顧客単価が9,100円の場合、9,100円×20名×25日＝4,550,000円となります。これが机上での月当たりの最大売上高です。

もちろん、実際には毎月、最大売上高が達成できるわけではありません。そのため、最大売上高の何％程度を事業計画の売上高として想定するのかを決めて取り組むことになります。例えば、80％想定なら3,640,000円、強気に95％なら4,322,500円となります。想定率の差の15％は、1月当たり682,500円、1年にすれば8,190,000円もの大きな差額になります。

　では、想定売上高はどのように算出すべきでしょうか。必要な当期純利益から逆算するのが健全です。つまり、月々返済額（＝当期純利益）を稼ぎ出すにはいくらの売上高が必要なのかを算出します。当然、最大売上高を超えることはできませんし、あまりに高い想定率になる場合も危険です。

　先ほどの例で月々返済額が150,000円の場合、デイサービスの利益率を仮に4.7％（厚生労働省「平成29年度介護事業経営実態調査」参照）とすれば、150,000円÷4.7％＝3,191,489円で、必要な売上高はおよそ3,200,000円となります。これは、最大売上高の70.3％です。稼働日25日、平均顧客単価9,100円で割り出すと、1日当たり14.0人の利用者が必要ということになります。

　営業日には14.0人以上の利用者に来ていただけるという、より具体的な目標に向かって、近所のライバルとなるデイサービスの稼働状況を調べてみてください。そのうえで、自分たちの事業所のセールスポイントとそれを地域へ知らせていくための営業能力を見直してみてください。

3　損益分岐点を把握したうえで、収支改善策を立てましょう

　「損益分岐点」とは、収入と支出がトントンになる点です。さらに、トントンになる売上高に月々返済額を加えると、「償還可能損益分岐点」となります。健全な運営のためには、損益分岐点を理解しておく必要があります。

　損益分岐点とは、収入と支出がトントンになる点ですから、式で表現すると、

　損益分岐点＝売上金額－支出（費用）金額＝0円

となるわけです。この状態を達成する売上金額のことを、損益分岐点売上高と言います。

　次に、売上と費用をそれぞれ分解すると、

　売上＝顧客数×顧客単価

　費用＝固定費＋変動費

となります。よって、損益分岐点売上高は、

　顧客数×顧客単価＝固定費＋変動費

と表現できます。

　つまり、損益分岐点を構成するのは上記4項目なのです。それぞれを区分して見ることで対策がわかりやすく、進めやすくなります。収支改善の対策は次の四つです。

　　・顧客数を増やす

　　・顧客単価を上げる

　　・固定費を下げる

　　・変動費を下げる

　介護事業における、それぞれの具体的な対策を見ていきましょう。

（1）顧客数を増やす

　利用者数を増やすことと利用回数を増やすことです。利用者数を増やすためには、地域のケアマネジャーやソーシャルワーカーへのPRや空き情報の伝え方などを工夫していくことです。利用回数についてはケアプランにおいて決定されるため、日々のケアにおいて増回の必要性があるかを見極め、サービス担当者会議や日々のケア報告などでケアマネジャーへ報告していくことです。ケアプランへ反映されることでケア増回となります。

（2）顧客単価を上げる

　利用者1人当たりの売上高を上げることです。介護サービスごとに設けられている各種の加算を取ることは有効な対策です。まずは、それぞれの加算の取得要件を調べてみましょう。加算を取るには、人員基準や運営基準などをクリアすること、保険者へ加算を申請すること、利用者への事前の説明、同意書の取り付けを行うことなどが必要となります。

（3）固定費を下げる

　費用は毎月決まって支払う固定費と利用者数に連動して増減する変動費に

収支改善の方法

①顧客数を増やす

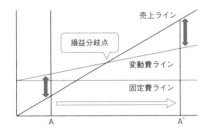

②顧客単価を上げる

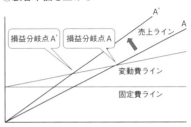

③固定費を下げる

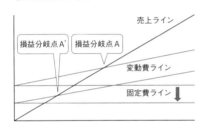

④変動費を下げる

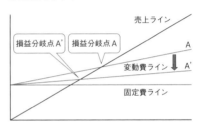

区分されます。毎月、定額で支払うことになる地代家賃やリース料金などが固定費です。これの価格交渉をする、より安価で提供してくれるリース業者へ切り替えるなどの対策をしていくことになります。ほかにも、駐車場代、携帯電話などの通信費は、運用台数を見直すなどの工夫は有効です。

（4）変動費を下げる

　利用者数が増えれば増える費用、利用者数が減れば減る費用を変動費と言います。例えば、デイサービスの場合、利用者数が増えれば送迎回数が増え、送迎車のガソリン代は増えます。効率の良いルートを選ぶことやこまめなアイドリングストップ、適正なタイヤ空気圧の維持など低燃費運転への工夫が変動費を下げます。ほかにも、水道光熱費、事務用品費、振込み手数料、郵送代などの節約も有効です。

これら四つの工夫を進めていくことで、収支は改善されます。そのうえで、損益分岐点に月々返済額を加えた償還可能損益分岐点をクリアすれば、健全な運営です。

4　PL上の損益と実際のお金の動きにはズレがあります

（1）儲かっているのにお金がない!?

ここまで、必要な利益、売上、損益分岐点を見てきました。これを会計的にまとめると、損益計算書（PL：Profit and Loss statement）になります。損益計算書では利益がきちんと出せているのに手元にお金がないなどということがあります。なぜ、そんなことが起こるのでしょうか。それは、損益（PL）と現金の動き（CF：Cash Flow）にズレがあるからです。

PLでは、一定期間において、いくら売り上げて、そのためにいくらの費用を使って、差し引きいくらの儲けが出せたのかを示しています（発生主義）。ですから、PLの結果が良いのは喜ばしいことです。しかし、実際の現金の動きも見ておかないといけません。

事例で見ていきましょう。あるデイサービスが目標とした320万円の売上を達成し、順調に運営されているとします。PLでは、次のようになっています。話を簡単にするために、デイサービスの運営に、人件費と販売管理費以外の費用はかからないものとします。

［PL］（損益）

	4月	売上	320万円
		人件費	205万円
		販売管理費	100万円
		利益	15万円

4月のPLは、売上320万円－費用305万円（205万円＋100万円）＝利益15万円です。これだけ見れば、4月のPLでは儲かっています。

　次にCFを見てみます。ただし、ここでは内容を複雑にしないため、4月分の現金の動きだけに着目して表記します。介護サービス利用料金の現金入金は、利用者自己負担分（すべて1割負担とします）の集金と国保連（国民健康保険団体連合会）からの入金に分かれます。利用者自己負担分は一般的には翌月入金、国保連からの入金は通常であれば2ヵ月後です。すると、CFは次のようになります。

［CF]（現金の動き）

　4月　入金0円、出金0円

　5月　入金32万円、出金305万円、入出差△273万円

　6月　入金288万円、出金0円、入出差＋288万円

　本事例では、利用者自己負担分の32万円は翌月5月に入り、残りの288万円は2ヵ月後の6月に入ってくることになります。一方で、費用（人件費や販売管理費）の支払いは一般的には翌月ですので、5月に305万円の支払いがあります。5月時点では、305万円－32万円＝273万円の現金不足です。「儲かっているのにお金がない」という状態です。こうなると経営が続きません。地域へケアを届けることができなくなります。

　ただし、6月になれば現金が入ってきます。288万円－0円＝288万円の現金黒字です。つまり、5月を乗り切るだけの現金を手当てすればいいわけです。この状態を把握するのが資金繰り表です。資金繰りを把握して必要な現金の手当てを計画的に行えば安心です。

（2）介護保険事業の簡単資金繰り表

　最も簡易的な資金繰り表は、前月繰越し、営業収入、営業支出、財務収入、財務支出の5項目で、事例の場合、次ページのようにつくれます。

①前月繰越し

　前月末時点で銀行口座にある現金です。末日にはすべての口座通帳の記帳をしておきましょう。

介護保険事業の資金繰り表（例）

		4月	5月	6月
①前月繰越し				
営業収支				
②営業収入 （入金）	自己負担		320,000	
	給付			2,880,000
	その他			
	営業収入合計		320,000	2,880,000
③営業支出 （出金）	人件費		2,050,000	
	販売管理費		1,000,000	
	その他			
	営業支出合計		3,050,000	
営業収支合計			−2,730,000	2,880,000
財務収支				
④財務収入 （入金）	借入れ			
	その他			
⑤財務支出 （出金）	返済			
	その他			
財務収支合計				
経常収支				
翌月繰越し				

②営業収入

　介護報酬として入ってくる現金です。介護保険事業では、自己負担分は1ヵ月後に、給付分は2ヵ月後に入ってくるのが一般的ですから、それぞれの入力欄をつくっておくとわかりやすくなります。毎月の給付請求作業と集金のとき、国保連からの支払い通知が届いたときに入力しましょう。

③営業支出

　職員の人件費やケア用品の購入費の販売管理費は、事業活動のために出ていく現金です。事例では単純化するため、こうした費用は翌月払いになるものとしました。一般的には職員の給与は翌月払いですが、販売管理費の中に

は直接、現金で当月払いしているものもあります。また、地代家賃は前払い、水道光熱費は2ヵ月まとめて支払いとなりますので、それぞれの入力欄を設けてもいいでしょう。

④財務収入

金融機関や経営者個人からの借入れなどで入ってくる現金です。補助金や助成金があればこの項目へ加えます。

⑤財務支出

借入れの返済で出ていく現金です。

以上の5項目だけでも、毎月、作成することで見通しがつくようになります。本事例では、5月の給与や販売管理費の支払いを通じて273万円の現金が足りなくなることがわかります。対策として、前月繰越しもしくは財務収入で、273万円以上を調達しておけばいいわけです。

実際に介護事業を経営していく中では、現金の必要額は、販売管理費の概ね2ヵ月分です。販売管理費相当の現金は毎月出ていきますが、売上の入金割合が大きい国保連からの入金が2ヵ月後だからです。販売管理費の1ヵ月分の現金だけでの資金繰りは危険です。月の中での支払日までに入金が間に合わない場合や、国保連からの入金にも保留や返戻があって見込んでいた入金額より少ない振込額になる場合もあります。介護事業における健全な資金繰りの目安としてください。

(3)資金繰りと動かないお金

動かないお金の例は減価償却費です。事業所の建設や送迎車、機械浴槽などの購入をすると、販売管理費の中に減価償却費として計上されることになります。減価償却費とは、金額の高い設備費用を支払ったときにだけ計上するのではなく、決められた耐用期間に配分して計上するものです。法定耐用年数4年の送迎用車両を100万円で購入した場合、1年当たり25万円ずつ計上するなどとなります（実際の減価償却費は、新車か中古車、定率法か定

額法かなどによって変わりますので、詳しくは税理士へご確認ください)。

　資金繰りの面から見ると、車両購入時には100万円の現金の用意が必要です。一方、翌年からは販売管理費には計上されていますが支払済みですので、お金は動きません。出金されないのですから、現金の用意はいりません。同じように動かないお金には、支払済みか後払いかの違いはありますが、賞与引当てや修繕引当てがあります。

　介護事業の場合、現金は販売管理費の概ね2ヵ月分を持っておくのが望ましいですが、販売管理費の中にある動かないお金を把握して見通しをつけることも大切です。

　以上を考慮し、開設時の計画においては、設備のための初期投資とは別に開設後6ヵ月から1年ほどの運転資金の準備が必要になります。運転資金を手元現金としてCFを作成し、毎月その計画と実績をチェックしていくことが大切です。

5　急な出費を見越しておきましょう

　急な出費とは、賞与、退職金、修繕費です。これらは、一般的な運営を続けていれば必ず発生する費用なのですが、見越していない事業所は意外と多くあります。賞与は準備しているが退職金は手をつけていないなど、一部だけの手当に留まっている事業所もよくあります。

　例えば、賞与は職員数や就業規則、給与規程、当期の事業成績によって決まります。事業成績が毎月、ある程度の黒字になっていれば、賞与支給は見込みがついている費用です。

　その意味では、わかっているわけですから急な出費にはならないのですが、毎年、賞与の支給月だけ大きな赤字になっている事業所があります。毎月の収支は安定して黒字を出しているのに、6月と12月だけ赤字になっているようなケースです。売上が大きく落ちているわけでもないのに当期純利益が大幅赤

字になっている原因を探っていくと、賞与を支給月にそのまま全額計上している場合があります。毎月の収支を並べてみれば、急な出費に見えるわけです。本来は見込みがついている費用であるにもかかわらず、急な出費になっているのです。

（1）平準化

　賞与による赤字は、毎年、毎回のことなので、特に気にされていない事業所もあり、経営者、管理者がわかっていればいいという考え方もできますが、ここでは平準化をおすすめしたいと思います。

　費用の平準化とは、支払い月だけに費用計上せず、急な出費になるものの見込み額を毎月均等割りして引き当てておくことです。

　例えば、夏、冬の賞与支給の総額をそれぞれ150万円（年間300万円）と見込むとすれば、販売管理費の中に賞与引当金という科目を設けて毎月25万円を費用として計上します（実際には支払いはしませんので、毎月の現金の動きはありません）。6月に夏の賞与を支給する場合、1月から6月まで25万円×6ヵ月＝150万円の引当て分を賞与として支給します（ここで現金が動きます）。引き当ててあった金額を賞与引当繰戻しという科目を設けて150万円を取り崩します。12月も同様に7〜12月までの引当金を取り崩し支給します。すると、賞与支給月だけに費用計上されるのではなく、毎月25万円の賞与分の費用計上がされ平準化されます。引当てを導入される際には、担当の税理士へ相談すれば具体的な指導をしてもらえるでしょう。

　なぜ、こんな面倒な処理をするのでしょうか。それは、事業所運営の状態が正常かどうかを判断するためです。

　賞与のない月に急に費用が上がっていれば、管理者は気づくことができます。しかし、もし6月や12月の賞与支給月に売上や費用に変動があった場合、そこに気づけるでしょうか。収支結果だけを見ると、その月が赤字だったのは賞与の支払いがあったからと理解してしまいがちです。運営状態が正

平準化の効果

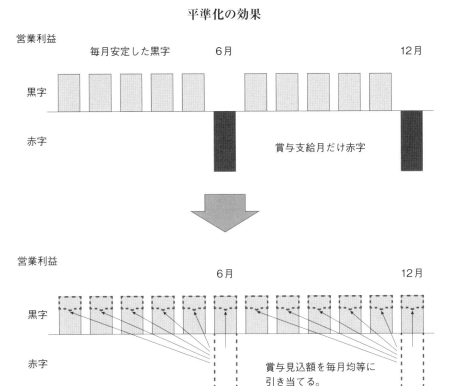

常かどうかを正しく判断できないものです。

　赤字金額の大半を占める原因はたしかに賞与なのですが、実は、残業代が先月より10％増えていることが含まれているかもしれません。発注業務をミスして2ヵ月分の備品発注をしてしまっているかもしれません。そのような小さな赤字の原因が隠れてしまいがちです。管理者としては残業代が増えた原因をきちんと把握し、シフトの組み方の工夫をする、パート職員の時間

調整をして偏った残業を減らすなどの対策をとらなければいけません。また、2ヵ月分の発注をしてしまったら翌月発注をストップすると同時に、再発防止のために発注手順の見直しを始めなければいけません。

　平準化をしておくことで、いつもの費用に異常値がないかを発見しやすくなります。発見が早い分、対策も早く始められます。平準化は健全な運営のためのヒントを出してくれる一つの手段です。

　退職金も同様です。就業規則で定めた退職年齢に達する職員数と退職金規程にある支給ルールから、〇年後にいくらの退職金支給金額が必要になるかはわかります。賞与と異なり数年をかけて引当てをするため年度繰越しの会計処理はありますが、平準化していくことの基本的な考え方は同じです。具体的に導入される際には、担当の税理士へ相談するといいでしょう。

（2）働き方改革で賞与引当金積み増し!?

　「うちはほとんどパート社員で運営しているから、賞与も退職金もないよ」と言う管理者もおられますが、国が進める働き方改革の動きの中、今後はそうもいかなくなってきます。

　2020年4月施行（中小企業は2021年4月より適用）のパートタイム・有期雇用労働法では、雇用形態にかかわらない公正な待遇の確保を目的に、同一企業内において正規社員と非正規社員の間で不合理な待遇差を設けることを禁止しています。

　介護職員として同じ業務の内容、同じ責任の程度であれば、雇用形態のみを理由に賞与なしとすることは通りません。改正法に沿って規程を明確化していくと、一部のパート職員にも賞与支給対象者が拡がり、賞与総額のアップも想定されます。そうなると、これまで以上に賞与引当金の積み増しも必要になります。詳しくは厚生労働省のホームページなどで確認のうえ、社会保険労務士へ相談することをおすすめします。

（3）修繕費の項目

　例えば、最近1年で送迎車の点検の際にオイル交換をしていませんか。せっかくだからその際、以前の送迎時にぶつけて少しだけ凹んでいたバンパーも修理した、タイヤ交換もしたなどという事例はありませんか。これも、急な出費です。他にも、居室のエアコンの調子が悪くて修理した、トイレの詰まりを水道業者に直してもらった、介護記録用のタブレットを落としてしまって買い換えたなどなど、介護現場にはよくあるものです。それなのに、会計上では急な出費になっています。

　今月はたまたま修理するものがいくつか重なってしまったから、収支も悪いだろうと思うときはありませんか。一つひとつは数千円から数万円でも、年間で積み上げてみると決して小さな金額ではなくなります。

　これも平準化できます。過去の修繕にかかった費用を参考に見込まれる1年間の修繕費用を12ヵ月で算出し、修繕引当金として毎月計上しておきます。いざ、何かを直すことになったときには、この引当金を取り崩して対応します。たまたま修理するものが重なっても、その月だけが赤字になるようなことを防げます。トイレの詰まりはいつ発生するかはわかりませんが、修繕費用を予想して準備しておくことはできます。

　1〜5年の期間では、例えば、機械浴、給湯器、洗濯機、乾燥機、食器や調理器具、車いす、パソコン、セキュリティソフトの更新などに修繕費用が必要になるでしょう。急な出費にならないよう、修繕引当金として見越しておきましょう。

　車両やIT機器などは、フルメンテナンス条件付きのリース契約によって平準化する手法もあります。業者の利益が乗っかるため自法人で修繕引当金を準備するよりは少し割高になりますが、事業規模によっては検討したいところです。見積りを取ってみてもいいと思います。

　もっと長い10〜20年の期間では、建物修繕や建物設備修繕が見込まれま

す。例えば、内装のクロス張替え、外壁のタイル張替えや再塗装、屋根やバルコニーの防水修繕工事、大型ボイラーや給水・排水・ガス・電気などの設備更新、スプリンクラーなどの消防用設備の更新などです。

　これらは事業所の建物を賃借しているか、自法人で所有しているかで異なります。賃貸借契約の場合は、オーナーと賃借人がそれぞれ負担する修繕区分が契約書に記載されていると思います。建物躯体そのものの修繕はオーナー負担、内装に係わるものの修繕は賃借人負担となっている場合が一般的です。屋根や外装工事はオーナー負担、内装クロス張替えや建具交換は賃借人負担で行うなどとなります。賃貸借契約を確認し、賃借人負担となる部分の費用を見越して修繕引当金を計上しておきましょう。

　建物を自法人で所有している場合は、すべての修繕を自法人の費用で行うことになりますから、修繕計画を作成し、工事項目と時期を見越して修繕引当金を算出、計上しておきましょう。長期の修繕引当金は年度繰越しの会計処理がありますので、税理士に相談して進めるといいでしょう。

　特記として、特養（特別養護老人ホーム）や老健（老人保健施設）などを運営している法人には、保険者によって建物修繕の補助金があります。しかしながら、社会保障費における介護保険給付割合の膨張などを背景に、将来的に補助金は一切なくなるものと想定して大規模修繕計画を作成されることをおすすめします。

6　削減すべき費用と削減してはいけない費用があります

（1）削減すべき費用

　恒常的な求人広告費、人材サービス会社への紹介料、3年以上見直していない取引にかかる費用は削減の対象です。

①求人広告費

　人手不足で困っているのに求人広告費を削減すべきとは、暴論に聞こえる

ことでしょう。ここで考えたいのは、恒常的な求人広告費です。求人広告を出す理由は、退職する人の補充採用のためではないでしょうか。毎月のように求人広告費を使っているということは常に退職者がいるということで、そもそも、退職する人がいなければ求人広告は出す必要がないわけです。

　一方、事業所の新規開設、増床など業容拡大のための一時的な求人広告費なら問題ありません。新しい仲間と出会えるよう、積極的に費用を使いましょう。

　退職は、避けられない退職と避けられる退職に区分できます。避けられない退職とは定年退職や傷病、引越しなどが理由の退職です。避けられる退職とは人間関係や法人への不信など、つまりはコミュニケーション不足に起因する退職です。

　避けられない退職者の補充採用には、求人広告費をかけるべきです。しかし、退職理由がコミュニケーション不足に起因するものである場合には、費用をかけるべきは求人広告費ではなく、コミュニケーション促進のための費用でしょう。職員の定着は、ケアの質向上のための基礎的要件です。そのために活きる費用は積極的に使い、職員同士がワイワイと話し合える職場環境をつくりたいものです。

②人材サービス会社への紹介料

　人材サービス会社への紹介料も同様です。求人広告の費用はいくらかけても応募者があるとは限らないのに対して、採用者があってはじめて支払う紹介料のほうが堅実と言う方もいます。人材サービス会社の営業マンもそう言うことでしょう。反論はありません。ただし、あくまで一時的な採用費用としてならの話です。避けられない退職者の補充採用のためであれば、堅実な手法でもあり問題はありません。

　事業運営していく中では、ほかにも出産、育児、介護、傷病などによる職員の退職や中長期の休職はあるものです。そのようなとき、人材サービス会

社から派遣や紹介を受けることはとても有効な手段となります。急な事情や復帰の見込みがある場合ならば、自法人で採用活動から雇入れまでを行うより人材サービスを活用するほうが費用が抑えられるケースもあります。状況や理由によって、しっかりと使い分けたいものです。

③3年以上見直していない取引

　長い取引実績のある業者の価格は適正でしょうか。なかには、毎年同じだからと何年も価格交渉していない、他社との費用比較をしていないケースがあります。例えば、厨房業者、食材仕入れ、リネンや清掃、産業廃棄物、ITネットワークの保守メンテナンス、建物の空調やエレベーター、消防設備などのメンテナンス、保険などがあげられます。

　定期的に見直す仕組みになっているのであればいいのですが、ただただ契約更新してきた場合は、一度見直してみるべきです。価格交渉しても、取引業者のほうにも人件費高騰のため価格が下がらないなどの事情もあることでしょう。しかし、技術革新によってコストダウンになるケースやコストダウンにならないまでも同じ費用で設備が新しいものになり使い勝手がよくなるケースもあります。見直ししていない費用の中で、最も大きな金額のものから着手してみるのがおすすめです。

（2）削減してはいけない費用

　1人当たりの人件費、教育研修費、安全衛生費、健康管理費、防災費は削減してはいけない費用です。

①1人当たりの人件費

　介護事業において人件費は最も大きな割合を占める費用であり、ほとんどの管理者が悩むところです。人件費を抑えないと利益が出ないとお悩みの管理者も多いと思いますが、1人当たりの人件費は、削減してはいけない費用なのです。利益は出さなければいけないのに1人当たりの人件費は削減してはいけない……では、どうすればいいのでしょうか。

産業平均賃金と介護賃金

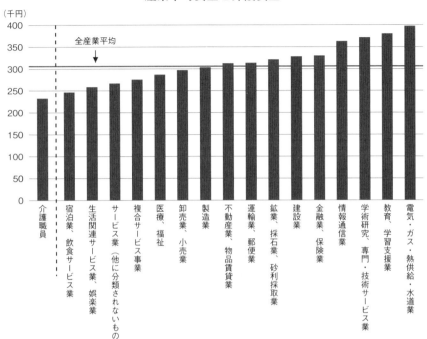

（千円）

全産業平均

介護職員
宿泊業、飲食サービス業
生活関連サービス業、娯楽業
サービス業（他に分類されないもの）
複合サービス事業
医療、福祉
卸売業、小売業
製造業
不動産業、物品賃貸業
運輸業、郵便業
鉱業、採石業、砂利採取業
建設業
金融業、保険業
情報通信
学術研究、専門・技術サービス業
教育、学習支援業
電気・ガス・熱供給・水道業

出所：第161回社会保障審議会介護給付費分科会資料「介護人材の処遇改善について」p.20
　　　https://www.mhlw.go.jp/stf/shingi2/0000202420_00003.html

　そもそも、今の時代、人件費を抑えること自体が難しいことです。日本の労働生産人口の減少がこの先、はっきりしている中で、働き手は価値ある存在なのです。価値があるのですから、対価（賃金）も上がります。今後は働き手がさらに減っていくのですから、その価値はさらに上がっていきます。この流れは全産業に共通しています。しかも、介護業界に比べ、他の産業の賃金アップの流れはかなり早く大きいのです。介護業界だけが賃金を上げず、のんびりとやっていけるなんてことはありません。

　これはシンプルな話です。皆さんがもし今から就職するとして、Aという

職業とBという職業で、同じ時間を同じ責任の程度で働き、月当たり10万円も差があるとわかっていたら、好んで低い賃金の仕事を選ぶことはないと思います（賃金以外によほど大きな魅力があれば別かもしれませんが）。

　1人の人を採用する際には、他産業と取り合いをしているのです。しかも、今後、ますます取り合い合戦は激しくなっていくのです。そんな背景から、1人当たりの人件費を抑えていくという選択肢はないのです。

　国は、2009年10月から介護職員処遇改善交付金（設けられた当時は交付金でしたが、その後2012年より「加算」となりました）、2019年10月より介護職員等特定処遇改善加算などを設け、直接的に介護職員の給与水準を引き上げる施策を実施してきました。国のこの施策に歩調を合わせ、事業所としても他産業との賃金差が開かないよう計画をしていくべきです。1人当たり人件費は削減してはいけないどころか、アップしていくべきです。

　介護業界に長くいると、介護業界の中だけの事情や業界内の比較だけで判断してしまいがちです。人件費については、一日一日、業界外との競争にさらされていると認識して、国の制度も含めこまめに情報を収集し、あらゆる手立てを講じていきたいものです。

　1人当たりの人件費を下げるわけにはいきませんが、利益は月々の返済額以上の金額を出さなければなりません。ここでとれる方法は二つです。稼働率を上げることと総人件費（職員全員の人件費）を増やさないことです。稼働率が上がると売上高が上がります。同じ人件費で運営していれば、売上高が上がる分、人件費率は下がります。人件費率が下がれば利益は出やすくなるというわけです。ただし、「同じ人件費で運営していれば」という条件がつきます。

　次に、1人当たり人件費と総人件費の関係について考えてみましょう。総人件費は、「1人当たり人件費×職員数」で計算されます。経営を圧迫する総人件費を増やさないで1人当たりの人件費を上げていくとなると、職員の数

で調整しなければいけません。

　ただでさえ人手不足のうえに、職員の数を減らせなどと言っては怒られそうですが、まずは事業所単位で目標とする人数、言いかえれば目標とする総労働時間数を設けましょう。事業所の管理者に職員数の目標をきいてみると「〇人です」という答えをもらいますが、「それはなぜ」と尋ねると「これまでそうだったから」、「前は〇人で回していたから」という答えが返ってきます。ここを改善し、適正な人数モデルを持ちましょう。

　これまでの経験からではなく、目標とする1人当たり賃金から職員数を出してみます。もちろん、介護保険制度上の人員基準を守ったうえでの人数です。これは介護職員にとっても自分たちの給与が上がるという前向きな話なのですから、ぜひ検討を始めてみてください。

　ただし、総人件費は変えません。仮に総人件費が300万円、目標とする1人当たり人件費が27万円であるならば、11人が目標人数です（ただし、人員基準を下回らないことが条件）。

　次に、目標人数で日々の業務が回せるのかどうかを検討しましょう。職員数の削減検討など無理とあきらめず、ムリ・ムラ・ムダを見つける機会だと思って始めてください。

②教育研修費

　教育研修など人材育成にかかる費用は削減してはいけません。教育研修は人材定着に有効です。介護職員として、しっかり学べる、実践できる、成長のサポートを受けられる事業所を辞める職員は少ないでしょう。加えて、研修は職員同士のコミュニケーションの機会になります。コミュニケーション量は少ないより多いほうが人材定着は進みます。

　介護の知識と技術の習得、仲間とのコミュニケーションが進めば、質の高いケアが実現できる職場環境が整ってきます。その中で目の前の利用者へ良いケアを提供できることは、介護職員としての従業員満足度を引き上げま

す。研修はケアの質を高めるとともに、介護職員の避けられる退職を減らすことにもなるのです。

　教育研修にかかる費用としては、集合して行う Off-JT 研修費用、現場での実践の中で行う OJT 研修に関わる費用、出張して受ける外部研修に関わる費用、資格取得のための受験料を負担する場合の費用などがあります。介護職員にとって教育研修が重要なことは、皆さんが認めるところです。では、その投資に対してどんな効果があるのでしょうか。

　すぐに効果が期待できる事例として、介護事故予防をあげてみましょう。教育研修によって介護職員のケアについての知識が増え、介護技術の腕前も上がれば、利用者の転倒事故や誤嚥事故は減ります。事故が減れば、入院による空床が減ります。これは会計視点からすれば、ベッド稼働率が維持され売上が保たれるということです。売上があれば、必要な利益が確保しやすくなるわけです。

　長期の視点から言えば、事業の運営があらゆる面で磐石になります。人員、資格要件をクリアする介護職員が充実します。それによって、加算も取得できます。避けられる退職者を出さないことになり、シフトも安定します。安定したシフトは労務問題を遠ざけますし、介護職員の心身の健康に寄与します。

　長く一緒に働く仲間は、お互いをよく知る間柄のチームになっていきます。それは、介護現場の生産性を引き上げます。生産性が上がると、介護現場に時間が生まれます。その時間で、正式にもインフォーマルにもケアカンファレンスが進みます。ケアカンファレンスによって多くの利用者観察が促進され、さらにケアの質が向上し、利用者の生活を守ることにつながります。

　このようにケアを通じて介護職員が育つ事業所は地域で評判になります。介護職の経験者から応募が集まるような採用に困らない事業所になっていきます。将来に向けた事業計画も立てやすくなります。成長した介護職員がい

ることは、法人にとって本当に宝です。そして、何よりも利用者の健康と安全を守ることにつながります。

　人の成長に貢献する教育研修費は、次に活きるお金の使い道です。教育研修が整わないために弱くなった事業所はあっても、教育研修を強化したために潰れたという事業所は聞きません。目的と計画を持って、しっかり費用を使いましょう。

7　借入れと補助金・助成金をうまく利用しましょう

（1）借入れ

　お金の使い方、とらえ方を説明してきましたが、先立つものがなければ始まりません。自己資金が潤沢にあれば別ですが、一般的には借入れによってお金を調達することになります。以下、借入れについて区分して整理してみましょう。

①借入れの分類

- ●設備資金：施設の建設費用、送迎車や介護ベッド、機械浴などの購入費
- ●運転資金：介護スタッフの給与や賞与、地代家賃、リース料、消耗品などの活動費

②借入れの条件

- ●借入額：借入れできる金額、返済計画に元本として記載されます。
- ●金利：固定金利と変動金利があります。
- ●返済期間：１年未満の短期と１年以上の長期に区分されます。
- ●返済猶予期間：借入れの実行日から返済開始までの期間です。

③借入れの相談窓口

- ●福祉医療機構（WAM）：福祉の増進と医療の普及向上を目的とする独立行政法人です。
- ●日本政策金融公庫、商工会議所：創業支援、新規事業支援、企業再建支

援などの公的融資制度があります。事業実績などの信用が小さくても利用できます。

●普通銀行：都市銀行、地方銀行など。医療介護の専門部署のある銀行もあり、借入れの相談だけでなく、介護事業経営上の参考になる情報も得られます。

●協同組織金融機関：信用金庫、信用組合、労働金庫、商工組合中央金庫、農業協同組合など。地域密着ですぐに相談できます。地域情報が得られたり、業界関係者へつないでもらえることもあります。

●ネット銀行：インターネット上の銀行。比較的少額の借入れならばスピーディに融資を受けられます。金利の高いものには注意が必要です。

以上に加え、地域住民により組成されたファンドやインターネット上に事業目的を表現して投資を募るクラウドファンディングなどがあります。専門的知識が必要になりますが、一つの手段です。

借入れは上限額も金利、返済期間もさまざまです。どれがおすすめとは、一概には言えません。また、無借金経営がいいようにも思いますが、そうでもありません。一定の借入れや預金によって金融機関との取引実績をつくっておくことも大切だからです。急に資金が必要になったとき困らないように、金融機関との関係は大切にしておきましょう。一つの銀行との取引実績が、他の銀行からの借入れの際に評価されることもあります。借入れをきちんと返済した実績が経営力として見られる一面もあるのです。

また、定点チェックのために金融機関と付き合うこともおすすめです。毎月、担当者と会い、収支や資金状況を報告するようにします。こまめな情報共有は、資金面の危険察知を早めることにつながります。優遇税制などの最新情報が得られることもあります。金融機関との付き合いを、自法人の経営状況を振り返る定期的な機会として有効に活用していきましょう。

（2）補助金と助成金

　借入れとは違う、返さなくてもいいお金が補助金と助成金です。このサポートをうまく利用したいものです。ここでは、介護事業所向けのものをピックアップして紹介します。各補助金、助成金の詳細については、経済産業省や厚生労働省のホームページでご確認ください。

①経済産業省系の補助金

　一つは、経済産業省・中小企業庁が取り組んでいる補助金です。「ものづくり・商業・サービス補助金」、「小規模事業者持続化補助金」、「IT導入補助金」がその中心です。それぞれ上限額があり、補助率は2分の1から3分の2程度になります。いずれも応募のあと審査があり、審査を通れば交付となります。その中でも、小規模事業者持続化補助金は、店舗の改装、ホームページの作成・改良、チラシ・カタログの作成、広告掲載が補助対象です。補助額は50万円が上限ですが、75万円の広告費のうち50万円が補助される（補助率3分の2）と考えると応募したい補助金です。

②厚生労働省系の助成金

　もう一つは、厚生労働省の雇用・労働分野の助成金です。「雇用関係助成金」と「労働条件等関係助成金」があります。ここでは、雇用関係助成金のうち、主なものを紹介します。

- ●雇用調整助成金：経営が悪化する中で社員の休業や教育訓練により雇用を維持する場合に助成されます。休業手当等の3分の2（中小企業の場合）が助成されますが、新型コロナウィルスによる休業では、助成率が拡大され、要件も大幅に緩和されました。
- ●中途採用等支援助成金：中途採用を拡大した場合に受給でき、一定期間後に生産性が向上した場合には追加の助成もあります。
- ●特定求職者雇用開発助成金：母子家庭の母、高齢者、障がい者などを新たに継続雇用する場合に受給できます。慢性的な人手不足の介護事業に

おいては、中途採用等支援助成金とともに利用したい助成金です。

●人材確保等支援助成金：雇用環境の整備等に対する助成金で、「介護福祉機器助成コース」と「介護・保育労働者雇用管理制度助成コース」があります。介護事業所向けの助成金で、導入・整備に対する助成に加え、目標達成についての助成もあります。

●キャリアアップ助成金：「正社員化コース」、「賃金規定等改定コース」、「健康診断制度コース」等に分かれ、職員の確保と定着に利用できます。

これらのほか、仕事と家庭の両立支援関係等の助成金も、育児休業や介護休業を実施する場合には利用したい助成金です。

③地域医療介護総合確保基金

こうした補助金・助成金に加え、厚生労働省の施策である地域医療介護総合確保基金のメニューが充実してきています。

まず、介護離職ゼロをめざすメニューとして、「介護施設等の整備にあわせて行う広域型施設の大規模修繕・耐震化整備」、「介護付きホームの整備促進」、「介護職員の宿舎施設整備」といったものがあります。また、介護サービスの質の向上を意図したメニューのうち、「施設の大規模修繕の際にあわせて行うロボット・センサー、ICTの導入支援」、「介護予防拠点における健康づくりと防災の意識啓発の取り組み支援」、「介護施設等における看取り環境の整備推進」などは、介護事業の現場の状況の改善に資するものとなっています。

④補助金・助成金の利用で注意すべきポイント

介護事業所としては、現状を分析し、どの補助金・助成金制度を利用するか考える必要があります。その中で以下の点に注意してください。

●ポイント１：補助金・助成金の認められる要件には十分注意しましょう

補助金・助成金は種類によって条件がさまざまです。雇用関係助成金や労働条件等関係助成金は、主に中小企業事業主を対象にしています。介護は

サービス業であり、資本金・出資額が5,000万円以下または常用雇用する労働者数が100人以下の事業者が対象となります。事前に計画書などをつくり労働局の認定を受けたりする必要があるものも多く、教育訓練や採用を行う数ヵ月前から準備をする必要があります。

　厚生労働省系の助成金では、申請に社内規定や就業規則・労働契約書などの提出が必要なものも多く、法律の改定に準拠した社内規定や文書の整備が必要です。三六協定を結ばず残業をさせているような事業所がないかなど、会社が違法状態にないかチェックする必要があります。

●ポイント2：補助金・助成金は後払いです

　補助金・助成金の申請時は、キャッシュフローに十分注意してください。補助金・助成金の支給があるのは、実際に支払いが行われた後です。物品の購入や賃金の支払いについて補助や助成が認められても、いったんは支払う必要があります。その証憑を提示してからの承認、支給になりますから、支給が半年から1年後でも問題ないようにキャッシュフローの計画を組んでください。

●ポイント3：従業員解雇があると要件を満たしません

　厚生労働省の雇用関係助成金の場合、対象労働者の雇用開始日の前後6ヵ月に解雇等（事業主都合の推奨退職を含む）をしたことがないこと、対象労働者はハローワーク等からの紹介以前に雇用の内定があった者ではないことが基本的な要件になっています。介護人材の離職が多い中、事業主都合の退職とされてしまう事例がないか注意が必要です。

●ポイント4：人材の維持確保のため、利用できるのものは利用しましょう

　働き方改革法が成立し、中小企業も対応しなくてはいけません。人材不足の介護業界では、この機会をチャンスに変える必要があります。他の事業所より雇用関係が良いという評判を得られれば、人材の維持確保が楽になります。そのために、雇用関係の助成金を利用しましょう。

　補助金・助成金には、ここでは紹介できなかったものもあります。申請に手間がかかるかもしれませんが、要件を満たしているのに利用しない手はありません。

●ポイント5：補助金・助成金が主にならないように気をつけましょう

　補助金・助成金で支給された金額は返す必要のないものです。銀行からの借入れとはまったく性質の異なるものです。しかし、補助金・助成金を受給するために事業の本質を変更・変質させるようなことがあっては本末転倒となります。また、支払いは事後になることもあり、補助金・助成金なしでも事業の立ち上げや運営が可能な状況にしておく必要があります。あくまで、プラスアルファとしてとらえるべきでしょう。

8　財務戦略から経営の好循環をつくりましょう

　本章の最後に、事業戦略は財務戦略からスタートすべきだとお伝えしたいと思います。

　本章では、必要な利益から経費の事例までを中心に述べてきましたが、利益は目的ではありません。お金は、あくまで目的達成のための道具です。月々の返済額以上を稼ぎ出す目的は、事業継続のためです。明日も明後日も事業所があることは、地域へケアを提供し続けるための最低条件です。売上を計画するのもそのため、経費を削減するのも経費をしっかりと使うのもそのためです。

　事業を継続していけば、そのうえに職員の従業員満足が醸成され、それが利用者の顧客満足を生み、良い経営循環が生まれます。利益は目的ではなく、法人の理念経営のためにあり、介護のすばらしさを支える道具なのです。

失敗に学ぶ：修繕や買い替え費用が捻出できない

　今、少なくない事業所で予想外の修繕費用、買い替え費用が必要になり、捻出が困難なため、ごまかしごまかし、事業をしていく事態に陥っています。

　建物や大きな設備などは減価償却もしており、大規模修繕への備えもそれなりに行っているのですが、減価償却が終わってしまったものや付属設備などの修繕、買い替えに想定外の費用がかかる場合があります。

　例えば、ボイラーそのものは無事であったとしても、付属する設備（配管や調合弁など）の故障、老朽化により、多額の費用がかかる場合があります。また、パソコンやサーバーは、Windowsなどソフトウェアのサポート期間が決まっているので、機械的に壊れていない、まだ使える状態であったとしても、更新が必要になります。ネットにつないでいないから大丈夫とばかり、いまだにWindows XPを使用している現場もあるようですが。

　IT機器については、更新スケジュールを数年単位で組んで予算化しておかないと、パソコンを一度に数十台買い替えなくてはならないなど、一時の費用負担が過重になります。

第6章 | 危機管理をめぐる課題と解決へのアドバイス

Headline

1　想定できないことに対してどこまで計画できるかが危機管理の基本です
2　介護事業における危機管理の勘所は日常的な信頼関係にあります
3　「まさか起きない」を「やっぱり起きた」にするための準備をしましょう

1　想定できないことに対してどこまで計画できるかが危機管理の基本です

　2019年10月、台風19号は多摩川を氾濫させるなど、首都圏に甚大な被害をもたらしました。多摩川の氾濫は45年振りのことです。1974年9月の台風16号のときには、堤防が決壊して狛江市の民家19戸が流出しました。家屋が濁流に飲みこまれるシーンはテレビニュースで繰り返し流され、テレビドラマ「岸辺のアルバム」でも衝撃的に再現されました。

　2020年には新型コロナウイルスがパンデミックとなり、経済は落ちこみ、日常生活にも大きな影響が出て、東京オリンピック・パラリンピックも延期を余儀なくされています。まさに世界的な危機と言えるでしょう。

　そもそも、危機とは何でしょうか。台風やパンデミックのような災害のほか、事故や事件も危機ですが、一般的には次の四つを意味します。

・予想外の出来事
・悪い結果をもたらす出来事
・業務を中断しても対応すべき出来事
・組織全体としての対応を必要とする出来事

　個人・企業や地域社会を取り巻く危機の原因が台風や地震のような自然災害なのか、企業の活動に伴う事故なのか、それともテロのように社会・政治問題が背景にあるのかによって危機管理のあり方が違ってきます。また、企業は個人の場合とは異なり、危機に際して組織的に行動する必要があります。企業組織においては、災害の規模や交通機関の状況、発生時間帯、社員や職員の勤務可能状況など、さまざまな要素を踏まえて対応することが求められます。

　危機管理の最大の課題は、「被害の軽減・予防→準備→応急対策→復旧・復興」という段階ごとにあらかじめ計画を立てることと、その計画の有効性を担保することにあります。他の地域で起きた危機や机上演習などにより、危機管理計画を修正していくことが必要です。そして、危機管理計画のPDCA（Plan：作成→Do：計画実行→Check：検証→Action：見直し）を繰り返すことによって、常に計画を生きたものにしておくことが必要です。計画ができたら、それでおしまいではありません。

　危機発生の背景となるのが、大規模で急激な現実の変化です。それは災害、事故や事件という形で現れます。火災、地震、風水害、テロ、感染症、設備事故、システム障害、情報漏洩、コンプライアンスのリスクなどは、どのサービス産業でも同じく危機となります。また、業種別に見ると、例えば飲食店の場合には食中毒、飲酒運転、食物アレルギー、受動喫煙などの危機があります。飲食店が食中毒を出したら、信頼を回復するためには多くの努力が必要でしょう。

　どうすれば危機を避けられるのか、たとえ避けられなくても最小限の手間とコストでリカバリーして、元通りのサービスと信頼を取り戻せるのかを考えることが必要です。

2　介護事業における危機管理の勘所は日常的な信頼関係にあります

　介護事業における危機管理には、次の四つの論点があります。まずは前半の二つについて述べます。

- ・日常生活・日常業務上のトラブルへの対応
- ・クレーム対応
- ・災害対策
- ・事業継続計画

（1）日常生活・日常業務上のトラブルへの対応

　初めに、高齢者の日常生活や介護職員の日常業務に伴うトラブルへの対応として、介護拒否、認知症と周辺症状、事故とヒヤリハットを取り上げます。

①介護拒否

　介護拒否とは、利用者が介護職員の意図する介護サービスを受けない、または介護職員に非協力的な態度をとることによるトラブルです。第2章で述べたように、利用者利益と利用者満足が一致しない介護サービスの特性から生じます。

　利用者が非協力的な理由は、「利用者自身のプライドが高い」、「自分の好きにしたい」、「介護職員を信頼していない」、「介護職員が嫌い」などのほか、反対に「誰かにかまってほしい」と思っていることが考えられます。介護施設に入らざるをえなくなった利用者は、「なかなか相手にしてもらえない、閉じ込められた」と感じるものです。そんな中、唯一社会とのつながりを感じられるのが、介護職員との関わりです。しかし、介護職員側は人手不足もあり、きちんと対応できていないのが実情です。介護拒否が生じる原因は、利用者と介護職員の両方にあります。

　介護とはあくまでも、できないところをサポートする立場です。利用者の希望だからと、何でもかんでも「やります」、「できます」と対応していると、本当にすべきことができなくなり、現場は回りません。だからと言って、「や

りません」、「できません」では利用者は納得してくれません。利用者の希望をかなえるためには、利用者自身も介護職員への協力が必要ですし、介護職員も利用者への協力が必要です。微妙なバランスをとるために、利用者との関係性が大事になります。利用者との信頼関係を築くことができると、介護拒否も減り、介護職員の負担も軽減されます。

　利用者との関係性をどう築けばいいのかというと、まず、あいさつをすることです。そして、利用者に合わせた話題を持ちかけて話をしていきます。そのうちに、利用者から話をするようになり、相談をされるようになれば大成功です。しかし、「やります」、「約束します」と言ってはいけません。あくまで話を聞くだけで、過度な期待を持たせてはいけません。

　利用者と話をする時間をつくるためには、利用者に直接かかわらない仕事、すなわち、洗い物やフロアの掃除などはさっさと終わらせます。洗濯物の返却やシーツ交換のときには一緒にたたんだり、交換したりします。また、入浴介助のときに話をします。自分の業務時間を把握し、予定時間（食事や終業時刻）から逆算して業務を行い、そこに少しの余裕を持たせておきます。

　自分ひとりで全部をやろうとしないで、他の介護職員に任せられることは任せます。そして、空いた時間で話を聞いていく中で、利用者の希望が見えてきたら、自分の所属するチームでその希望は実現可能なのかどうか判断し、可能であれば即実行します。不可能であれば、利用者への説明が必要です。可能な限り利用者の希望に沿い、チームの介護力でカバーでき、業務として組み込んでも負担にならない案を考えます。

　それは、介護職員にとってはスキルアップのチャンスです。スキルアップすると、適切な援助方法が見えてきます。利用者ができることはすべて利用者に任せて、できることでもしてもらったら「ありがとう」と必ず言ってください。利用者は「ありがとう」と言われると、自分には役割があると感じ、それを通じて尊厳欲求が満たされることにもなります。

　信頼関係が構築されると、自分でできることでも「やってくれ」と頼まれるようになります。それは、相手があなただからお願いしていることです。そのときは「しょうがないなあ。じゃ、今回だけは特別ね」と応えてみてください。

　介護拒否への対応はケアプランの変更です。拒否の理由を探り、それに対応するためにはどうしたらいいか、課題を話し合い、仮説を立て、やってみて、うまくいかなかったら、また仮説を立てて……という繰り返しを、多職種が連携してやっていくことが大事です。

②認知症と周辺症状

　認知症の症状には、中核症状と周辺症状（BPSD）があります。中核症状だけなら、身体介護を受けていれば無事に生きていけます。しかし、その利用者に周辺症状として、うつが発生する場合があります。原因は「痛みや不快などが発生した」、「心理的に限界を超えた」の二つが考えられます。

　痛みや不快とは、便秘や口の中の痛み等ですが、うまく訴えができない人が多いため細やかな観察と想像力が必要です。心理的に限界を超えた場合とは、施設であれば他の利用者や職員との関係、在宅であれば同居家族との関係など、接遇に問題があるケースが考えられます。

　竹内孝仁によれば、周辺症状は、「身体不調型」、「遊離型」、「葛藤型」、「認知障害型」、「環境不適応型」、「回帰型」の六つに分類されます。これらのいくつかが複合して現れる場合もあります

a）身体不調型

　身体不調型は、身体に異変を感じていても正しく認識できず、結果として周辺症状となって現れるものです。症状としては、興奮してうろうろ動き回る、気の進まないことがあると興奮する、夕方や夜になると落ち着かなくなり、興奮して歩き回ったり怒鳴ったりするなどです。

　対応としては、身体不調の原因を探ってそれを取り除くことです。身体

不調の原因としては、便秘、下痢、尿意、便意、痛み、かゆみ、発熱、脱水などが考えられます。

　この中で「発熱」は、平熱と比べて判断します。高齢者は筋肉が少なく保水能力が落ちているので、体温の維持には1日1,500cc以上の水分摂取が必要です。

b）遊離型

　無関心、無感動、無動なのが遊離型の特徴です。終日ぼんやりしていてまわりのことに関心を示さず、表情の変化や身体の動きもほとんどないなどの状態です。

　これらの原因は低意識です。意識レベルを上げるケアとしては、次のものがあります。

- ●水分ケア：認知症介護の基本で、意識レベルを上げ覚醒を促す、発熱を防ぎ身体状況を向上させる、便秘を防ぐといった効果があります。
- ●運動：高齢者にとって一番いい運動は歩くことです。1日に2km（3,000歩程度）以上歩くことが望ましいとされます。歩行は身体を活性化させ、意識レベルを高めます。普段歩ける人がふらつきなどで歩行が不安定になってきたとき、すぐに車いすにしてしまうのはよくありません。杖、シルバーカー、歩行器を使いながら歩くことが大切です。体を動かすことが生活不活発病（廃用症候群）の最高の予防方法です。

c）葛藤型

　このタイプの特徴は、自分の置かれている状況に対して戦いを挑む、抵抗するというものです。いきなり大声をあげて近くにいる人に乱暴したり、異食や物集めをしたりします。葛藤型の人にとって、周囲にいる人は全員が敵です。暴力的な人の中には、統合失調症などの精神疾患を抱えている場合もありますので、専門医受診が必要です。

　葛藤型認知症のケアでは、環境に適応してもらうこと、つまり、介護職員は敵ではないと思ってもらうことが課題です。介護職員の接遇が重要になります。接遇技術としては、ユマニチュード、バリデーション療法、パーソンセンタードケアなどが有効と考えられます。

●ユマニチュード：フランスで開発された認知症介護の技術です。「人間らしいケア」と言われ、「見る」、「話す」、「触れる」、「立つ」という人間の特性に働きかけ、言葉によるコミュニケーションが難しい人とのポジティブな関係を築いていくものです。

●バリデーション療法：バリデーションとは「確認する、強くする、認める」の意味ですが、認知症の人の経験や感情を認め、共感し、力づけるという意味でこの言葉を用います。その特徴は、認知症の人が騒いだり、徘徊したりすることにも意味があるととらえ、共感して接することに重点を置いた療法です。

●パーソンセンタードケア：認知症を持つ人をひとりの人として尊重し、その人の視点や立場に立って理解したうえでケアを行おうという考え方です。この考え方を提唱したトム・キッドは当時の業務中心のケアに対して、人中心のケアの重要性を主張しました。

d）認知障害型

　認知障害型の症例としては、次のようなものがあります。

・自分の置かれている立場がわからなくなる。

・自分がどこにいるかわからなくておろおろする。

・トイレの場所がわからなくなり、迷ったりしている間に失禁する。

・近所などのよく知っている場所で迷子になる。

・「私はどうしたらいいの」、「ここはどこ、帰りたい」としきりに訴える。

　こうした場合、利用者は非常に不安になっていますので、落ち着ける環境づくりと適切な援助が必要です。なかでもトイレ誘導は、明確な表示と

ともに、介護職員が利用者の尿意・便意を察知し、的確に誘導することがポイントです。

e）環境不適応型

環境不適応型の特徴は，新しい環境、見慣れない場所、見慣れない人になじめず、それを拒否するというものです。慣れない場所での食事や入浴を嫌がり、無理強いすると大声を出したり、乱暴な行動に出したりします。

利用者と介護職員の関係づくりで対応し、接遇技術を駆使することも必要です。意識レベルの向上が必要なので、水分ケアと運動も大事です。

f）回帰型

回帰型認知症の特徴は、その人の古き良き時代に戻ってしまうというものです。お人形遊びをしたり、過去の職業に戻ったりします。介護職員を自分の子どもと思ったりすることもあります。その場合、介護職員はその役を演じ切りましょう。本人は、「過去に戻った自分を受け入れてもらえた」という気持ちから、過去に回帰する必要はなくなり症状が落ち着くことがあります。また、徘徊症状に対しては、無理に止めずに共感を示し、付き合うことでなくなる場合があります。

日常生活上のトラブルを防ぐためには、利用者との関係性をどう築くかが重要です。利用者をだますのは良くないと、真実だけを理解してもらおうとするのは間違いです。その人の今の状態を受容することから、信頼関係が築けます。

③事故とヒヤリハット

a）「まさか！」から「やっぱり！」へ

ハインリッヒの法則というものがあります。米国の学者H.W.ハインリッヒが膨大な事故事例をまとめた結果、1件の重大な事故・災害（重傷者以上が出るほどの事故）が発生した場合、その裏には、29件の軽微な事故・災害（軽傷者が出る程度の事故）が既に発生しており、さらに事故に

はならないものの事故寸前のヒヤリとした体験や、ハッとした体験が300件は存在するという経験法則を発見したのです（1：29：300）。

　事故やヒヤリハットが起こると、原因分析が行われます。それは悪いことではないのですが、実際の原因分析は、犯人捜しになってしまっていることが多いものです。また、安直な原因（例えば、転倒の原因は利用者が立ち上がること）に飛びつき、安易な解決策を導き出してしまうこともよくあります。安易な解決策で一番多いのは、「介護職員の意識を高める」という掛け声です。

　ハインリッヒの法則が教えてくれるのは、常日頃から小さな事故をこまめに発見しながらつぶしておくことが、大きな事故を未然に防ぐということです。日常的にふらつきの多い高齢者は、何かのときに大きな転倒事故を起こす可能性があります。

　「まさか、こんなことが起きるとは思わなかった」ではなく、「たぶん、こういうことが起きるだろう」という認識を前提にケアサービスを行うことが、危機管理の第一歩です。

b）原因分析よりも性質分析を

　ここで提案したいのは、原因分析よりも事故の性質分析です。事故を性質という視点から見てみると、次の三つに分類されます。

　ⅰ）自損事故

　ⅱ）介護過誤

　ⅲ）不測の事態

　この中で、ⅰ）とⅱ）は危機管理のためのコストをかければある程度防止できますが、ⅲ）については発生しないとわからないため、コストをかけての予防には限界があります。東日本大震災や2019年の台風19号のような想定を超える自然災害が増える中、一つひとつの事象に向き合ってその都度判断し、その蓄積によって想像力を高めていくことが重要です。

ⅰ）自損事故

これは極端に言えば「利用者が勝手に、自分で事故を起こした」ということです。勝手に立ち上がって、勝手に歩いて、勝手に転ぶといった例です。すべての自損事故が介護職員の責任かと言えば、決してそのようなことはありません。

自損事故が起きないように拘束・抑制することは本末転倒で、生活不活性病（廃用症候群）につながりかねないので、厳に慎まなければいけません。自損事故が起こりにくい介護をするには、そのようなケアプランを作成することです。

ⅱ）介護過誤

これは介護職員のミスであり、100％事業所側の責任です。身体・衛生に関わる介護事故（過誤）の内容としては、骨折、打撲、擦り傷、誤薬・与薬漏れ、感染症、意識レベルダウン、窒息、行方不明、誤飲・誤食、脳疾患・脳血腫、個人財産・情報の紛失、心疾患、熱傷、不快・不安などがあります。また、それらの事故原因として、転倒、転落、感染、誤嚥、原疾患などがあります。

それ以外に、配膳ミス、作業の漏れ、忘れ物（デイサービスから自宅に戻る際）、家具・備品の破損、連携ミス、間違った介護（マニュアルやケアプランからの逸脱）などもあります。

これら介護過誤は、個人の責任にされがちですが、個人の責任がゼロではないにせよ、職場全体の問題ととらえなければ防止できません。

介護過誤が起こったら、職場環境を見直す必要があります。その場合、工場や医療機関で用いられている手法として、4M5Eというものがあります。これは作業スペース・作業動線、照明、騒音、温度、湿度などだけでなく、四つのM（事故発生要因）と五つのE（事故発生防止策）をマトリクスにして、事故の発生原因をつぶしていくためのフレームです。

4M5E分析 マトリクス表

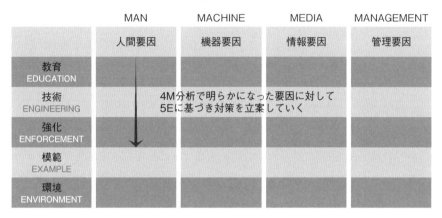

	MAN 人間要因	MACHINE 機器要因	MEDIA 情報要因	MANAGEMENT 管理要因
教育 EDUCATION				
技術 ENGINEERING	4M分析で明らかになった要因に対して 5Eに基づき対策を立案していく			
強化 ENFORCEMENT				
模範 EXAMPLE				
環境 ENVIRONMENT				

出所：https://resilient-medical.com/medical-safety/4-m-5-e

　4Mとは、事故原因が何に根ざしていたかを示します。自分や上司部下などの人間、機器や設備、情報不足や環境の不備、管理の仕方や教育など、事故原因の大元を特定します。そのうえで二度とそのような事故が起きないように、要因ごとに、5Eである教育や技術の習得、規則や手順の徹底、模範例の共有、そして環境をいかに整えていくかを明確にしていきます。小さなトラブル（例えば、おむつ交換の失敗）でも、ぜひ一度この表に当てはめて考えてみましょう。

ⅲ）不測の事態

　仮に、大規模自然災害はある程度予測できたとしても、介護の現場では想定外の事態がよく起こります。そうした事態への対応を繰り返すことで、予測の精度も、職員の心構えもレベルアップします。

　例えば、施設の庭を散歩していた高齢者に隣接する公園から飛んできた野球のボールが当たって転倒した場合、１回目は予測不能だとしても、２回目以降は予防できます。また、そもそもその施設が公園に隣接している

ということから、ボールが飛んでくる可能性を予測できれば、庭の散歩も注意して行うことができます。

　不測の事態に限らず、危機管理で最も大切なのは想像力です。事前にどこまで細かくさまざまなことを予測できるかが、危機管理のレベルを上げる根本です。

④福祉用具の活用に伴う事故・ヒヤリハット

　介護の現場ではさまざまな福祉機器や福祉用具を活用します。これらは要介護者の心身の欠落を補ううえで非常に重要なものですが、正しい使い方をしないとむしろ危険の温床となります。以下、最もよく用いられる福祉用具として、車いす・介護ベッド・おむつの三つについて、使用上の留意点をあげます。

　a）車いす

　移乗のときには必ずブレーキをかけます。かけ忘れると不安定になり、大変危険です。また、タイヤの空気圧が不足するとブレーキがかかりにくくなります。適切かどうかチェックします。

　移動中は転倒の危険がありますので、要介護者が急に立ち上がらないように注意します。また、道路を行くとき、特に路面が片方に傾斜している片流れ路面では、意識しないと側溝に落ちることもあります。下り坂を行くときは後ろ向きになり、段差につまずいて転倒することのないように細心の注意を払います。グレーチングや踏切の上を通るときは、キャスターを挟み込まないように注意します。

　b）介護ベッド

　介護ベッドの事故で多いのは転倒や打撲ですが、ベッドに取りつけるサイドレール（ベッド柵）にぶつかってケガをすることもあります。ベッドとサイドレールとの間にできる隙間に首を入れ込むこともあります。

　対策としては、その人の普段の動きや状態に合わせたサイドレールを設

置することです。設置の仕方を誤ればベッドから転落して大事故につなが りかねないので、サイドレールの設置には調整が不可欠です。ベッド上の 人間は常に動くことを念頭に、その人特有の動き方を踏まえて位置や高さ を設定します。また、サイドレールそのものを毛布に巻いて、当たっても ケガをしないようにすることも有効に働きます。

c）おむつ

　利用者の急変やおむつ漏れによる全更衣やシーツ交換は、介護職員に とって大きな負担となり、業務上も大きなリスクの一つです。利用者の容 態が急変することで仕事が増えるのは仕方ないと思っている人も多いと思 いますが、おむつの当て方が悪くて漏れてしまったり、全更衣あるいはシー ツ交換が必要になったりするのは、決して当たり前ではありません。

　おむつ技術とは、単に手早く、上手に交換できるというテクニックだけ ではないのです。利用者の体の状態にフィットした形で装着することが重 要で、それにはおむつトラブルを想定して先手を打ったおむつケアが不可 欠なのです。特に次のことに注意してケアを進めます。

- ・そのおむつは利用者に適しているか（吸収力やサイズなど）
- ・当て方は適しているか（パッドがずれていないか、パッドが尿道口に しっかり当たっているか、体とおむつの間に隙間はないかなど）

　膨大な手間を要する後始末介護にならないために、適切な技術が重要に なってきます。そうした細かい出来事に合わせた対応技術を明確にし、全 員が標準レベルとして習得していることが極めて重要です。

（2）クレーム対応

　クレームには、正当なクレームと理不尽なクレームの二つがあります。正 当なクレームとは、すべて事業所側のいたらなさが原因のクレームです。そ のいたらなさとは、説明不足（相手の理解不足も含めて）、勝手と思われる 判断、未熟なサービス・介護などです。言葉遣いや態度も大切ですし、対応

が遅れることもクレームになります。できることとできないことをはっきりさせることも大切です。

前もって説明し、利用者やその家族との信頼関係が築けていて、適正なケアをしていれば、いきなりクレームにはならず、家族からの提案という形になります。クレームは厄介なこととしてではなく、利用者やその家族からの貴重な意見として前向きにとらえることも大切です。

実際にクレームが来たときは、道義的責任については、誠意を持って謝罪することが大切です。保険会社が入る場合でも、「あとは保険会社に任せているので…」と無責任な態度をとってはいけません。

一方、言いがかりのような理不尽なクレームもあります。この場合には、事業所として毅然とした態度で、職員を守らなくてはいけません。

介護事業に関するクレームの代表例と対策を、特に介護施設に入居されている利用者の家族・関係者からのものを中心にあげます。

①介護費用やサービス利用料金に関するもの

介護保険をめぐる制度や料金体系は、これに初めて関わる利用者家族にとっては極めて複雑でわかりにくいものです。さらに定期的な制度改正で費用改定が行われ、「何で今月は料金が上がったんだ」、「どうして月ごとにこんなに費用が違うのか」など、多くの疑問からクレームが生じます。

対策としては、丁寧な説明や日頃からの信頼関係構築に尽きますが、あくまでも介護保険制度について知識がないという前提で、家族へのきめ細かい説明が不可欠です

②事故の発生に伴うもの

前述した事故対策を万全に行ったうえで、万一事故が起きたときには、家族や関係者への報告のタイミングに配慮することが重要です。ささいなケガで連絡して「そんなことでいちいち連絡してくるな」と言われる場合もあれば、知らせないで「何で報告してこないんだ」と言われる場合もあります。

事故発生から時間が経って、後から怒ってくる家族もいます。

　対策としては、利用者とその家族の状況をきめ細かく理解したうえで、事故発生に伴う報告をすることです。利用者のことを家族や関係者の誰が、どの程度気にかけているかがわかっていることも重要です。

③利用者の健康状態に関するもの

　家族は、利用者は施設の中では元気で過ごしていると思い込んでいる場合が多いものです。家族がときどき施設に来て、状態が悪いのを知ると「何でこんなことになっているのか」というクレームになります。

　施設での利用者の状態を日頃からきめ細かく共有しておくことが必要ですが、家族が利用者についてどの程度気にかけているか、個別に把握しておくことが第一です。

④利用者・家族への接遇に関するもの

　利用者を「ちゃん」づけで呼んだり、利用者とタメ口で話していたりして「なれなれしい」というクレームを受けることがあります。高齢者を過度に幼児化して、「〇〇しましょ～ね～」などと言う場合も同様です。

　特に、めったに来ない家族・関係者が来たとき、勝手な思い込みに反して「施設ではこんな扱い方をされているのか」とクレームになることが多くあります。施設での日常を理解していただくために、きめ細かい説明とフォローが必要です。

⑤施設や居室の環境に関するもの

　単純に「居室が汚い」、「トイレが汚い」といったクレームです。施設側としては、わかってはいるが手が回らない場合と、そもそもきれい・汚いの基準が違う場合がありますが、いずれにしても家族・関係者へ説明し、理解を得ることが必要です。

　以上、正当なクレームの例をあげましたが、クレームには理不尽なものもあります。その場合、施設側としては職員を守ることも大事です。特に、「自

分の親だけにはちゃんとしてくれ」といった無理な要望や、一方的に「介護
職員に原因がある」と断定するクレームには要注意です。

　介護サービスは、あくまでも仕事＝マネジメントの範囲で行われる事業経
営であること、そのためには貴重な経営資源であるヒトを大切にすることが
大前提です。

3　「まさか起きない」を「やっぱり起きた」にするための準備をしましょう

（1）災害対策

　自然災害やパンデミックは予測困難のうえ大規模だと言われますが、地震
は突然にしても台風は事前に予報もあり対応が可能です。テロについても、
情報機関がテロリストの動向を監視しているので前兆を把握できるかもしれ
ません。このように状況がわかっていれば、風水害に備えて物の片づけや避
難などの応急対応をしたり、厳戒態勢をとることで被害を未然に防止したり、
極小化したりすることが可能になります。

　特に介護サービスでは、施設・在宅を問わずさまざまな災害を想定した対
策が極めて重要になります。例えば、高齢者施設でインフルエンザが流行す
れば、利用者の命に直結します。介護事業は利用者たちの命を預かる事業で
ある以上、その準備や想定、計画、万一に備えた訓練など、どれだけ念入り
に行ってもやりすぎることはありません。「まさか起きないだろう」と思って
いることを可能な限り想定し、「やっぱり起こった」、「準備しておいて良かっ
た」と思えるようにする対策が必要なのです。

①災害対策における危機管理とは

　一般に、危機管理には次の段階があります。

●被害軽減〜予防段階：（建物の耐震化や堤防強化などにより）危機の発
　生そのものを抑制し、あるいはその規模を極小化する。

●準備段階：応急対策計画（マニュアルの立案や必要な資材・設備の整備、要員の訓練などを含む事前準備）により、被害の拡大・波及を防止する対策をとる。

●応急対策段階：消火、救出、ケガ人の応急治療、避難者対応などを行う。

●復旧、復興段階：各種計画の立案、関係者の意見調整などを行う。

危機管理の真価は、実際に災害が起きたときに初めて明らかになりますが、最近の例ではうまくいっていないことが多いようです。危機管理の計画があり、担当者が決められている例が多いにもかかわらず、現実にはうまくいっていない場合が多いのです。特に災害の規模が大きくなるほど危機管理は難しくなり、それには以下の原因が考えられます。

a）危機（重大事態）そのものが想定外

「こんなことが起きるとは思わなかった」、「今回の災害は想定を超えるものだった」……大規模自然災害が起こるとこうした言葉を聞くことが多くなりましたが、いかに重大性を想定した計画であったかが問われます。

b）想定した危機への実践的な対応計画や訓練の欠如

危機発生時には、時間的に切迫する中、先が読めないうえ、動員可能な資源も不足する状況になります。こうした状況を一度も体験したことがないと、危機発生直後にパニックに陥ることになります。応急対応行動が身についてないと、危機の全体像が把握できず、誤った優先順位で対応してしまうでしょう。

c）多様性に対応できない／経験の逆機能

危機は多様であり、まったく同じ危機は存在しません。特定の危機ばかり想定していると、異なる危機が起きたときにうまく対応できません。津波災害でよく言われる経験の逆機能がその典型で、1993年の奥尻島を襲った北海道南西沖地震の大津波の際に、その10年前に起きた日本海中部地震の経験から津波が来るまでには時間的余裕があると考え、住民の避難が

遅れたことがありました。せっかく過去に経験していても、「今回も同じだろう」と思ってしまうことで、過去の経験がマイナスに働き、被害が大きくなってしまうのです。

②介護事業現場での災害対策（風・水・地震）

それでは、介護事業の現場（在宅・施設を含め）では、どのような災害対策を講じればいいのでしょうか。これはまず、対象地域について行政や自治体が発行するハザードマップの確認から始めます。自法人の事業所や営業範囲がどんな危険度を持っているのか、どの程度の災害が予測されているのかを把握し、想像力を豊かにして対策を講じます。

自然災害は、風水害、これに伴う土砂災害、そして地震に大別されますが、地盤の固さは、地震だけでなく風水害に伴う土砂災害への強さにも関わってきますから、事業所の地盤については留意が必要です。

災害の中身を、「風」、「水」、「地震」に分けて、何が起きるか想像しましょう。まず風については、最近日本国内でも竜巻が起きていますが、想像を超える強風が吹いたらどうなるか考えてみるのです。あちこちからいろいろな物が飛んできますが、なかでも看板や屋根は飛びやすく、自転車置き場の屋根のように薄くて止め方が弱いものはすぐにはがれて飛んでしまいます。

水については、事業所として浸水に備えて土嚢をどれだけ用意しているか確認してください。近くに川がなくても、大雨によって事業所前の道路が一瞬のうちに川のようになることもあります。また、高齢者施設の事務所の多くは1階にありますが、浸水に備えて非常用機材や食料は2階以上に設置すること、コンピュータサーバーが水に浸って動かなくならないように防水を完全に行うことなど、浸水に備えた対策が重要です。

地震については、上から物が落ちてくることを想定し、何が落ちてくるかを実際に検証しながら備品等の固定を行うとともに地震に伴う火災予防を講じます。

　実際に停電が起きたときのことを想像してみましょう。非常電源や非常灯はあっても、エレベータは停止します。利用者や職員の館内移動はもとより、食事や備品を全館に運搬するのも困難になります。停電になったとき、何が使えて、何が使えなくなるのかを明らかにしておく必要があります。医療機器や救命機器はどうなるか、在宅酸素のバッテリーはいつまで持つか、カセットコンロとボンベはどのぐらい備蓄しているか……このように、実際に何かが欠落したことを想定して、その中で利用者のために何ができるのかを検討・決定しておきます。

　最後に、ある程度予測のつく台風では、刻々と変化する情報をもとに、どのタイミングで手を打つかが重要です。例えばショートステイでは、台風が来る前日からは受け入れを停止し、逆に既に受け入れている利用者については、台風通過中は事業所内に止めるといった判断が重要です。台風の通過中に利用者の出入りがないように気をつけなければいけません。とっさの判断が求められますが、こうした細かいことにどこまで想像力が行き渡るか、それをもとに事前に準備ができるかどうかによって、災害対策のレベルは大きく変わってきます。

（2）事業継続計画

①リスクと不確実性

　経済学者フランク・ナイトは予期しない事態について「リスクとは、その発生は合理的に見積もれるが、人間の知識や経験不足が原因で対処できていないもの、不確実性とは、どんなにがんばっても合理的に見積もれないもの」と定義しました。

　例えば、交通事故などは、経験に基づいて原因とその対策を究明できますからリスクと言えますが、大地震や新型インフルエンザなどは、過去にも起こってはいるものの、いつどこでどれだけの規模で起こるのか、発生そのものが不確かなので、不確実性と言えます。

大地震、集中豪雨や洪水害、新型インフルエンザ、テロなどの不測の事態に見舞われた場合にも製品・サービスを供給していくことができるように備えておくのが事業継続計画（BCP：Business Continuity Plan）です。

BCPは決して特別なものではなく、経営者や管理者が病気で入院したら事業をどのように続けていくかなど、毎日の経営や運営の中で考えていることを計画として「見える化」したもので、日々の経営の延長にあるものと考えられます。

欧米のBCPはあらゆる災害からITとデータを守るのが目的ですが、日本のBCPは大地震、風水害、新型インフルエンザなどから生き延びるためのサバイバルBCPです。もともとITを守るためだったBCPが日本では防災対策として使われるようになってしまったため、無理があるという意見もあります。不確実なものをリスク管理しようとしているとも言えます。

突発的な緊急事態がBCPの想定通りに発生するはずもありません。また、BCPを策定していても、普段行っていないことを緊急時に行うことは難しいものです。

BCPを策定する際は、最初から完全なものをめざしても実現は困難なことが多く、かえって導入を躊躇することにもなりかねません。実現可能なBCPを策定して、それに改善を重ね、平常時から突発的な緊急事態への対応力を鍛えていくことが必要です。

②介護事業でのBCP

BCPについては、事業を行っている地域を所管する行政機関からさまざまな資料が発行されていて、コンサルタントを含めてフォロー体制ができています。また、特に大型の介護事業所の場合、地域の広域避難所に指定されていることも多く、行政との連携は必須ですが、ここでは介護事業特有のBCP策定のポイントをあげます。

想定すべきことは次の点です。

・職員が出勤できなくなる。

・事業所が利用できなくなる。

・設備が利用できなくなる。

・物品（食料品、消耗品、ガソリンなど）が調達できなくなる。

・ライフライン（電気、ガス、水道、通信）が使えなくなる。

　このような事態になっても、利用者へのサービスを継続できるようにすることを考えてみましょう。重要なポイントは次の3点です。

・大規模災害が起きた異常な状況下では、平常時と同じレベルのサービス提供は不可能です。どんなときでもいつもと同じサービスを行って、利用者にご安心いただきたいという思いはわかりますが、災害時にはかえって危険です。その状況下で使える資源を使って、できる範囲で最大限のケアを行うことが肝要です。

・もとよりケアの内容は、利用者ごとに個別であり異なります。非常時には全員一律平等のケア（例えば、お風呂は週に2回など）はあきらめて、たとえ1回でも確実に入浴できる方法を考えましょう。逆に、非常時であっても週2回入らなければならない利用者もいます。現実を冷静に見極めた判断が求められます。

・災害の程度によって、復旧のタイミングは違ってきます。一般的には3日間は持ちこたえられる食料や備品が必要と言われています。手持ちの非常用食料や備品を定期的に確認し、いざというときに備えます。

　また非常時には、福祉特有の犠牲的精神から、利用者を優先しすぎて職員が危険な目にあい、命を落とす危険性もあります。「利用者第一」、「顧客第一」は立派な理念ですが、介護事業経営上は2次災害を防ぐことが重要です。介護職員はレスキューではないことを前提に、危機管理に取り組みましょう。

　以上、危機管理をめぐる介護事業経営上のポイントを述べてきました。

　緊急事態に際しては、

介護事業での事業継続計画（BCP）の策定・運用プロセス

1 **事業継続方法の決定**
- 利用者・職員の安全確保についての考え方
- 利用者サービスの継続如何
- 近隣・地域への貢献の考え方など事業継続計画の基本となる 考え方を決める

2 **緊急事態とその被害の想定**
- 自法人・自事業所に特有の被害を想定
- 立地による特性（海に近い→津波・高潮被害）
- 災害による特性（津波→広範囲、火災→近隣、新型インフルエンザ→利用者＋職員）などを勘案し、被害を想定する

3 **重要な事業の選定と目標復旧時間の決定**
- 緊急事態のときに優先的に継続、早期復旧を図る事業を選定
- 復旧可能性、復旧のしやすさ、中断による影響の大きさ等を勘案

4 **目標復旧時間内での復旧可能性の検討**
- 重要な業務に用いられる経営資源の特定
- 被害の想定
- 目標時間内での復旧可能性の検討

5 **重要な事業の継続早期復旧対策**
- 継続すべき重要事業・重要業務の復旧対策
- 不足する経営資源の手当て・補充
- 意思決定と情報伝達の仕組み
- 被害の予防と軽減の取り組み

6 **事業継続計画の文書化**
- 事業継続計画の全体像（事業継続計画書）
- マニュアル（初動対応、バックアップデータの復旧など）
- 復旧対策一覧表

7 **事業継続計画の周知・徹底**
- 事業継続計画の職員への周知・徹底
- 教育訓練での意識づけ…責任者・対象者を明示
- あらゆる日時、時間帯を想定した訓練の実施

8 **事業継続計画の点検・見直し**
- 策定した事業継続計画の定期的な点検・見直し
- 見直し項目、見直し時期、責任者の明示
- 現在の自法人・自事業所の状況との適合性を常に確認
- マニュアルの変更必要性、目標復旧時間の検証など

出所：（株）浜銀総合研究所「災害に強い事業所づくり」（2012年3月）より著者作成

・必要な資源（ヒト・モノ・カネ・情報……なかでもヒト）の確保

・意思決定や行動に必要な情報の入手と伝達

・的確な意思決定と迅速な行動

の三つが極めて重要になります。そして、こうした対応ができるためには、日常業務上のトラブルから学び、これを繰り返さないこと、緊急事態に際していつでも対応できる想像力（「まさか」ではなく「やっぱり」と思える）を持って、日頃の訓練を継続的に行うことが何よりも肝要です。

失敗に学ぶ：嫌がらせのための内部通報や脅迫、そして事件化

　虐待や事故の隠蔽を行っているとの行政への通報のうち少なくない数が、在職中の職員や辞めた職員によるもののようです。正当な通報もありますが、どうやら嫌がらせのための嘘の通報も多いと思われるふしがあります。

　残念ながら、不平、不満を持っている職員、不平、不満を持ったまま辞めた職員、さらには職場を恨んでいる職員が、事業所に嫌がらせをするケースが散見されます。その中には事件化する場合もあり、相模原の障害者施設の事件など、言葉にならないようなケースも起こりうるのです。

　「あの施設は虐待しているようだ」くらいの虚偽の通報ならば、きちんとした事業所なら誤解されることはありません（面倒臭いことは事実です）が、事業所に爆破予告の電話をかけたり、事業所に忍び込んで何かを行ったりする事例が相当数あります。

　防犯カメラなどは、単なる空き巣などには抑止効果がありますが、悪意を持って事業所を標的にしている場合は、役に立ちません。単なる不審者や窃盗対策と、実際に事業所や事業所の利用者、職員に危害、損害を加える意図を持っている場合とでは、防犯のあり方がまったく違います。逆恨みに正当な理屈は通じません。危機管理上、考慮が必要な点です。

1　介護サービスのマーケティングには他と違う特徴があります

　マーケティングを一言で言うと、「商品やサービスを届けて対価（お金）を得るための活動」です。事業所を運営するためにはお金が必要です。お金がなければ人を雇うことも、設備を整えることもできず、サービスを提供できなくなってしまいます。

　マーケティングは、「商品やサービスを必要とする人に届け、事業を継続するためのお金を得る仕組みをつくる活動」とも言えます。介護サービスが必要でない人に介護サービスを提供することはできません。介護サービスの場合、この「必要」という部分が他の商品やサービスに比べ複雑です。サービスを直接受ける利用者本人の必要はもちろんのこと、家族やまわりの人にとっての必要も提供するサービスに影響を与えます。必要を本人が明示している場合もありますが、本人が必要であることを認識できていない場合もあります。また、本人がサービスを必要だと希望しても、状況によりサービス

を提供できない場合も考えられます。サービスを提供する事業所は、必要に ついてしっかりと考えていきましょう。

　「継続」も重要です。介護サービスは利用者の人生を預かる仕事であり、 人の命を預かる仕事でもあります。介護サービスを提供している法人が倒産 してサービスが途切れることにより、サービスに支えられていた人々の生活 が崩れてしまうこともあるのです。単にお金を得て運営するだけではなく、 事業を継続させていくことも介護サービスを提供している事業所の使命であ り、そのためにもマーケティングは必要となるのです。

2　誰に：顧客は誰なのかを明確にします
（1）顧客は誰？

　高齢者介護の顧客は誰でしょうか。直接サービスを受けるのは高齢者であ り、顧客であることは間違いありません。また、2000年に施行された介護 保険制度の背景に、家族介護の限界という現状があることから、高齢者の家 族も重要な顧客となるのです。

　高齢者やその家族が介護が必要だと思ったらどうするでしょうか。喉の調 子がおかしいなど、症状がある病気の場合、自分で病院や診療所を探して連 絡し、診察を受けます。では介護の場合、どこに相談するでしょうか。

　退院後の介護であれば、入院している病院に相談するでしょう。かかりつ けの医療機関があれば、そこに相談することになるかもしれません。どこに 連絡・相談したらいいか思いつかない人は、市町村に連絡するしかありませ ん。市町村では、相談窓口として各地域に地域包括支援センター（名称は市 町村によって異なります）を設置し、相談に応じています。要介護の状態で 在宅での生活を継続していくことになれば、居宅介護支援事業所のケアマネ ジャーに相談し、施設入所を希望するのであれば、実際の施設に行って相談 したり見学したりするでしょう。親のために有料老人ホームを探している家

相談のルート

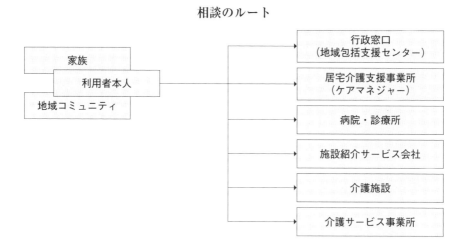

族は、施設を紹介している民間のサービスを利用するかもしれません。

　このように高齢者介護を必要としている人が、介護サービス事業所の情報を得るルートはさまざまです。高齢者介護を提供する事業所は、利用者が相談する多様なルートにおいて認識されていなければ、サービスの提供にはつながりません。

　顧客として高齢者だけを意識するのではなく、関係者も重要な顧客であることを意識しなければなりません。

（2）最大のスポンサー

　高齢者介護の一番のスポンサー（お金を出す人）は誰でしょうか。介護保険サービスの場合、提供した介護サービスによる対価の７～９割は保険者である市町村が介護給付費として事業所に支払います。お金を払ってくれるところが顧客だと考えると、高齢者介護を運営する事業所にとって一番の顧客は保険者ということになります。

　保険者は、３年に一度、介護保険事業計画を立てています。そこには、保険者が所管する地域に、どれだけの需要があり、供給をどのように整備して

事業所の指定に係る保険者の関与の仕組み

関与の仕組み	都道府県指定サービス		市町村指定サービス	
	居宅 サービス	施設 サービス	地域密着型 サービス (居宅系)	地域密着型 サービス (施設系)
総量規制	有 ※1	有	有 ※4	有
条件付加	有 ※2	無	有	有
公募制	無	無	有 ※5	無
市町村による 指定拒否・条件付加	有 ※3	無	－	－
指定拒否	無	無	有 ※6	無

※1：特定施設居宅生活介護
※2：特定施設居宅生活介護以外
※3：訪問介護、通所介護、短期入所生活介護
※4：地域密着型特定施設入居者生活介護、認知症対応型共同生活介護
※5：定期巡回・随時対応型訪問介護看護、(看護)小規模多機能型居宅介護
※6：地域密着型通所介護
出所：第84回社会保障審議会介護保険部会「参考資料1」

いくかが書かれています。地域の介護保険サービスの大枠は、その計画に規定されています。その保険者のエリア内の介護サービス事業所は、その計画に基づいて事業を展開していくことになります。ですから、介護保険サービスを新たに展開したり拡張したりしていく場合は、介護保険事業計画を確認するだけでなく、保険者に相談することが必須となります。

　「事業所の指定に係る保険者の関与の仕組み」(上表)にあるように、介護保険の施設サービスには総量規制があり、総量が既に満たされていた場合(予定も含めて)、施設をつくりたくても認められることはありません。また、公募でのみしか指定申請(サービス開始時の申請)が認められていない場合や、指定に際して条件が付加されるケースもあります。指定権者が都道府県

のサービスにおいても、市町村との協議において指定が拒否されるケースもあるので注意が必要です。

　高齢者介護サービスに対する重要顧客である保険者の意向を無視して、介護事業を展開することはできないことを肝に銘じてください。大切にしていた土地の活用方法として、高齢者介護サービス提供を通じた地域貢献を考えていたとしても、介護事業計画にはないという理由だけで却下され、検討していたさまざまなことが無駄になってしまった失敗事例も存在します。

（3）介護保険事業（支援）計画

　最大の顧客である保険者（市町村）がつくっている介護保険事業計画について、もう少し触れておきます。各保険者は、3年ごとに介護保険事業計画を作成しています。そこには、3年間その地域をどのように支えていくかという概念的なことだけではなく、何をどのくらい整備していくかといった具体的な数字も記載されています。介護保険事業計画に基づいて、その地域に住んでいる第一号被保険者が支払う保険料が算出されていることもあり、計画を大きく変更することはありません。グループホームをつくりたいと思っても、介護保険事業計画に「グループホームの定員を増やす」という記載がなければ、つくることができないのです。

　予防的なサービスなど介護保険以外の事業をどのように整備していくかについても保険者の思いがあり、無視することはできません。事業を始めるにあたって、マーケティングが必要となりますが、その前提として保険者の意図を示した介護保険事業計画は最も重要な情報となります。

　都道府県は、都道府県全体の計画と保険者をどのように支えていくかを記載した介護保険支援計画を作成しています。

第7期 介護保険事業（支援）計画 基本指針の構成

第一	サービス提供体制の確保及び事業実施に関する基本的事項		
第二	市町村介護保険事業計画の作成に関する事項		
	一 市町村介護保険事業計画の作成に関する基本的事項		
		1	基本理念、達成しようとする目的及び地域の実情に応じた特色の明確化、施策の達成状況の評価等
		2	要介護者地域の実態の把握
		3	市町村介護保険事業計画の策定のための体制の整備
		4	2025年度の推計及び第七期の目標
		5	目標の達成状況の点検、調査及び評価等並びに公表
		6	日常生活圏域の設定
		7	他の計画との関係
		8	その他
	二 市町村介護保険事業計画の基本的記載事項		
		1	日常生活圏域
		2	各年度における介護給付等対象サービスの種類ごとの量の見込み
		3	各年度における地域支援事業の量の見込み
		4	被保険者の地域における自立した日常生活の支援、要介護状態等となることの予防又は要介護状態等の軽減若しくは悪化の防止及び介護給付の適正化への取組及び目標設定
	三 市町村介護保険事業計画の任意記載事項		
		1	地域包括ケアシステム構築のため重点的に取り組むことが必要な事項
		2	各年度における介護給付等対象サービスの種類ごとの見込量の確保のための方策
		3	各年度における地域支援事業に要する費用の額及びその見込量の確保のための方策
		4	介護給付等対象サービス及び地域支援事業の円滑な提供を図るための事業等に関する事項
		5	地域包括支援センター及び生活支援・介護予防サービスの情報公表に関する事項
		6	市町村独自事業に関する事項
		7	療養病床の円滑な転換を図るための事業に関する事項
第三	都道府県介護保険事業支援計画の作成に関する事項		
第四	指針の見直し		

出所：第81回社会保障審議会介護保険部会「参考資料1」

3 どこで：めざすは「ブルーオーシャン」です

（1）赤い海

　同じ商品を提供する複数の会社が、同じ市場で戦う状態を想像してみてください。同じ機能や同じデザインの商品であれば、顧客は安い商品を買うはずです。他社が値段を安くすると安いほうに顧客は流れていってしまうので、さらに商品を安くしないと売れなくなります。この状態を繰り返していくと、会社の利益も出なくなり、会社の継続が不可能な状態になってしまい

ます。このような市場を「レッドオーシャン」と呼びます。サメが血の臭い
を嗅ぎつけ次々と集まり、獲物を奪い合う状態です。顧客が多く儲かりそう
な市場に会社が集まり、過当競争を続けている姿です。たくさんの資金があ
り、安売りを続けられる会社であれば最後まで戦えるかもしれませんが、そ
うでない会社は疲弊するばかりで何も得るものはありません。

　介護保険サービスの場合、介護報酬により価格が決まっているので、安売
り合戦にはなりませんが、競争により利用者の奪い合いが発生するだけでは
なく、職員の取り合いも発生し、高い給与で職員を雇わざるをえなくなり、
利益がどんどん減ってしまいます。このようなレッドオーシャン市場で戦う
ことは避けなければいけません。

（2）青い海

　一方、「ブルーオーシャン」と呼ばれる市場があります。サメが群がってい
ない青い海、すなわちライバルがいない市場のことです。残念なことに、簡
単にブルーオーシャンを見つけることはできません。簡単に見つけられた
ら、皆がそこで事業を展開し、あっという間にレッドオーシャンになってし
まいます。

　では、ブルーオーシャンはどこにあるのでしょうか。実はどこにもありま
せん。ブルーオーシャンは、自分たちで工夫してつくり出す必要があるので
す。他の事業所では提供していない何か、提供できていない何か、キラリと
光る何かを提供することで、顧客がそこに行きたいと思ってくれれば、ブルー
オーシャンが実現するのです。

　「何か」は、サービスの提供方法、介護技術、リハビリテーションの内容、
食事、風呂、職員、立地、特別なオプションサービス、地域とのかかわり、
理念等、どんなものでも構いません。とにかく、他の事業所と直接戦わない
よう工夫することです。他のサメがいない海・ブルーオーシャンを自らつ
くっていかなければ、未来はありません。

4　何を：「キラリと光る」サービスを提供しましょう

（1）利用者に選んでもらうサービスをつくるための二つの考え方

　提供するサービスをつくっていく考え方には二つあります。「プロダクトアウト」と「マーケットイン」です。プロダクトとは商品やサービスのことで、マーケットとは顧客がいる市場のことです。

　プロダクトアウトは、企業の強みや創造性を活かしてつくったプロダクトを市場に投入するという考え方を指します。例えば、1979年1月に発売されたソニーのウォークマンは、オーディオ機器を外に持ち出して聞くという文化がなかった当時、画期的なものでした。ソニー創業者である井深大の「飛行機内できれいな音で音楽を楽しみたい」という要望からスタートし、ソニーの技術を集結してつくった製品です（ウォークマン誕生の経緯については諸説あります）。誰もが体験したことのない製品であり、顧客に明確なニーズが存在していたわけではありません。このように新たな発想で製品を開発し、市場に新たなニーズをつくり出すのがプロダクトアウトです。誰も体験したことのない操作・利用・サービスにより新たな文化をつくったアップルのiPhoneもプロダクトアウトと言えます。

　介護の世界では、事業者の工夫で創造した新しいサービス、例えば、障害者や高齢者等を区別せず受け入れてきた「このゆびとま～れ」（富山県富山市）や、特養（特別養護老人ホーム）という施設の機能を小規模に分割して地域内に展開していった「こぶし園」（新潟県長岡市）が該当します。これらは、自分たちの思いや強みを活かしたサービスを創造し、地域に提供しています。

　サービスを開始した時点では、利用者からの明確なニーズは存在しませんでしたが、事業者の思いで事業やサービスをつくり、徐々に利用者・地域に受け入れられていきました。後にそれぞれ共生型サービス、地域包括ケアシステムとして政策に取り入れられるようになりました。

　これに対して、マーケットインとは、市場の声を聞き、必要とされている

サービスを市場に投入していくという考え方です。

市場の声を聞くことには、人の意見を聞くだけではなく、「どんな人たちが住んでいるのか」、「この地域に住んでいる高齢者は、どんな行動をとりがちなのか」、「どんなサービスが既に提供されているのか、提供されていないのか」などを調査することも含まれます。

市場を調査した後に、「デイサービスが不足しているので、デイサービスを展開しよう」、「今は地域にない小規模多機能事業所に隠れた需要があり、行政も設置を支援しているので小規模多機能事業を展開しよう」など、マーケットインでは、進出する市場のニーズ・ウォンツを調べて事業を展開していきます。この場合のニーズ・ウォンツには、明らかになっているものだけではなく、表面には見えにくい潜在的なものも含まれます。

マーケットインの場合、マーケットの状態、状況を調査していくこと自体がマーケティングとなります。

（2）キラリと光るサービス

高齢者介護の場合、介護保険サービスとして提供できる形態の大枠は決まっているため、誰も体験したことのないサービスをプロダクトアウトするのは難しいかもしれません。何か工夫して、具体的な「キラリと光るもの」を自法人の強みとして利用者に提供することで、ブルーオーシャンを実現していくしかありません。キラリと光るもの、それはユマニチュードかもしれません。自立支援介護の実践かもしれません。あえて段差のある空間を提供することかもしれません。すぐに他者にまねされるようなものであれば、たちまちレッドオーシャンになってしまいます。

常に他者より一歩先を進んでいけるようなキラリと光るもの、利用者・家族だけではなく、広い意味での顧客が認識できるキラリと光るものをつくってブルーオーシャンを実現してください。漫然と経営していて生き残れるほど甘い世界ではありません。

（3）既存の事業もブルーオーシャン

　マーケティングは、新しい製品やサービスを投入する場合に必要だというイメージがありますが、既存事業を継続していくうえでもブルーオーシャンを追求することは重要です。

　提供している事業がブルーオーシャンにあるのかレッドオーシャンにあるのかを分析してみてください。近隣の事業所との違いが説明できない特長のないサービスを提供しているのであれば、そこは既にレッドオーシャンの世界になっています。

　どんな利用客が何のためにどこから来ているか、しっかり分析してください。なぜ、利用者はあなたの事業所を利用しているのでしょうか。何か理由があるはずです。その理由が他者との違いであり、キラリと光るものです。大切なことは、その光を絶やさないことです。

　キラリと光るものをよく見てみましょう。その光は、未来永劫に光ったままでいるものでしょうか。他者がまねできるような光であれば、その光は輝きを失います。その場合、光を強くする方策を考えるか、新たな光をつくることを考える必要があります。ブルーオーシャンの状態にしなければ、顧客から選ばれなくなります。顧客の目線でキラリと光るものをどのように育てていくかを考えていきましょう。高齢者は増えていくから、サービスを提供していれば利用者がやってくるという時代はとっくに終わっています。

5　市場を把握して狙いを定めます

（1）二つの活動

　マーケティングは大きく二つの活動に分けられます。一つは「市場を把握し狙いを決める活動」、もう一つは「具体的な行動を決める活動」です。

　市場を把握し狙いを決める活動の中では、市場を分け、分けた市場のどの部分を狙うかを明確にし、その中でどのように他者と差別化していくかを検

討します。

　具体的な行動を決める活動では、何（サービス）を、どこ（立地）で、いくら（価格）で提供するか。そして、提供するサービスをいかにして知ってもらう（宣伝、販売促進）かを具体的に決めて実施していきます。これらをマーケティングでは4Pと呼んでいます。詳しくは後述します。

二つのマーケティング活動

市場を把握し狙いを定める
市場を分け
狙いを決め
差別化を図る

具体的な行動を決める
Product：サービス
Place：立地
Price：価格
Promotion：宣伝、販売促進

（2）市場の把握と狙いの決定

①市場の分類

　市場を把握し狙いを決める活動では、市場を分け、どの市場に焦点を絞り、サービスを提供するかを決めていきます。

　一般的なマーケティングでは、人口密度・年齢・性別・ライフスタイルなどで市場を分けますが、高齢者介護サービスでは、利用者自身の状態である「要介護状態」と、サービスにどこまでお金を払えるかという「所得階層」の二つの軸で分けることにします。

　所得階層は、高所得層、中所得層、低所得層、生活保護の四つに分類されます。生活保護受給者を顧客の対象とするかどうかも検討する必要があるでしょう。介護保険サービスの場合、利用者が生活保護の受給者であっても介護報酬は変わりませんが、有料老人ホームやグループホームのように家賃や生活費が利用者負担として発生する場合、生活保護受給者を対象にするかどうかで事業の展開が大きく変わってきます。事業所が提供するキラリと光るものとして、生活保護受給者層に対するサービスを設定する方法もあります。生活保護受給者に特化したサービスを「貧困ビジネス」と呼んで揶揄する風潮もありますが、生活保護受給者に必要なサービスを低価格で提供するのは

高齢者介護サービス対象市場のセグメント

		要介護状態			
		重度	中度	軽度	事業対象者
所得階層	高所得層				
	中所得層				
	低所得層				
	生活保護				

立派な事業です。

　要介護状態の区分は、重度、中度、軽度の要介護・要支援の人と事業対象者です。事業対象者には健常者も入ります。重度は要介護5、中度は要介護3・4、軽度は要支援1・2と要介護1・2と区分して考えます。

　高・中・低・生活保護の所得の4階層、重・中・軽・事業対象者の介護の4階層を掛け合わせた16の領域のうち、どこをターゲットとするかをしっかり検討する必要があります。

②所得階層

　所得の4階層によって、提供するサービスの質が変わってきます。例えば、高所得層をターゲットした場合と低所得層をターゲットとした場合とでは、食材にかけられる費用が異なるため、提供する食事の内容が変わってきます。有料老人ホームの場合は、エントランス、共有リビング、居室なども、ターゲットとする所得階層によって変えていくことになります。

　株式会社ベネッセスタイルケアが提供する有料老人ホームは、比較的高所得者向けの「アリア」、「グラニー＆グランダ」、一時入居金が不要な「くらら」、「まどか」、その間を埋める「ボンセジュール」、「ここち」など、所得階

層によりブランド名を変えています。また、生活療法士（OT）、理学療法士（PT）、言語聴覚士（ST）を配置した施設を「リハビリホーム」、24時間看護体制の施設を「メディカルホーム」と位置づけています。

どの所得階層をターゲットにするかは、立地にも影響を与えます。土地にはそれぞれブランドがあるからです。関東なら東京の成城、関西なら兵庫の芦屋などは、地域ブランドとして高級感を持っています。地域が持っているブランドと展開する有料老人ホームのコンセプトを比較検討してみましょう。低所得層の割合が多い地域に、一時入居金が1億円超の有料老人ホームを建てた場合、その地域に高所得の人がいたとしても入りたいと思うでしょうか。

高所得者の多い地域に安価な施設、低所得者の多い地域に高級な施設を建てるという戦略もブルーオーシャン戦略としては有効ですが、かなりの工夫が必要となります。ただし、大手デベロッパーや行政と組んで20年、30年先を見据え、街をつくって地域のブランドイメージを変えていくような戦略はあり得ます。

③要介護状態

要介護度はもともと介護量を示す尺度であるため、要介護状態の4階層によって、提供する介護サービス（ケア）の量が決まります。

軽度者に提供するアクティビティの場合、手や体を動かしたりチームで協力して実施するようなレクリエーションが可能であり、利用者の数に対して比較的少ない数の職員で対応できます。一方、要介護4や5の人に対するアクティビティの場合、利用者個人の特性に合わせたリハビリテーションに近いレクリエーションとなり、利用者1人に対して複数の職員対応が必要な場合もあります。軽度の人を中心にしたデイサービスであれば楽しいアクティビティを事業所の売りにできますが、重度者を中心とした場合はかなり専門的・リハビリテーション的なアクティビティでないと売りにできません。

　また、提供するケアに関しても、軽度者の場合は見守り中心になりますが、重度者の場合は食事、入浴、排せつなどのケアの場面で直接体に触れる専門的なケアが求められます。このことは職員配置にも影響を与えます。重度者が多い場合は、専門的なケア技術を持った介護職員を多く配置する必要があります。要介護度が高いと介護報酬も高くなりますが、それだけ手間がかかるわけです。

　どのような状態の利用者をターゲットにするかは、物理的な環境をどうするか、提供サービスの組み立てをどうするか、どのような介護職員を集めどのように育てるか等を検討するうえでも重要となります。ターゲット顧客を重度者とした場合、経験豊富なベテラン介護職員を多数集める必要がありますが、ターゲット顧客を軽度者とした場合は、少数のベテラン介護職員と多数の経験の浅い介護職員を組み合わせて運営することが可能となります。

（3）具体的ターゲット

①ターゲット例1　所得階層：高所得層、要介護状態：全般

　一時金が1億円以上の高級有料老人ホームをイメージしてください。閑静な住宅街の中にあるリゾートホテルのような建物で、一流のシェフがつくった食事が提供されます。専門家によるリハビリテーション、プロによるクラシック演奏会などの充実したリラクゼーションイベント、しっかり研修を受けた介護職員によるケアの提供等、すべての活動において高級感が演出されます。

②ターゲット例2　所得階層：高・中所得層、要介護状態：重度

　高級ホスピスをイメージしてください。専門医集団による利用者や家族の思いに沿った医療と手厚い看護体制、介護体制のもと、看取りも含め、人生の最期まで本人や家族の希望に沿った医療・介護が保障される、最高の安心感を提供する施設です。

ターゲット例のセグメント

		要介護状態			
		重度	中度	軽度	事業対象者
所得階層	高所得層	ターゲット例2	ターゲット例1		
	中所得層				
	低所得層		ターゲット例4		ターゲット例3
	生活保護				

③ターゲット例3　所得階層：低所得層・生活保護、要介護状態：軽度・事業対象者

　玄関を入るとカラオケの声が聞こえてくるようなデイサービスをイメージしてください。一般のデイサービスで提供される送迎、入浴、食事、リハビリテーション、レクリエーションを提供しています。要介護が低いため、収入を上げるためには定員を多くする必要があります。職員は若手を中心にして人件費も抑える必要があります。近隣に同一規模のデイサービスがある場合は、キラリと光るものをつくり、レッドオーシャンに巻き込まれないようにする必要があります。

④ターゲット例4　要介護状態：重度～軽度

　複数の領域をターゲットにサービスを提供する場合、それぞれの領域でのサービス提供方法等を検討した後、複数のサービスをどのように組み合わせていけば事業として運営が可能かを検討する必要があります。

　要介護状態が重度の場合と低度の場合では、提供するケアは異なってきます。デイサービスで考えた場合、重度の利用者には地域密着型通所介護のように利用者の数をある程度絞った中でベテラン介護職員による密度の高いケ

ア、軽度の利用者には中規模・大規模通所介護を想定した若手中心の介護職員による効率の高いケアなど、サービスの内容だけでなくサービスを提供する空間も変えていく必要があります。

また、高所得層の利用者と低所得層の利用者とで食事の内容を変える場合、同じ場所で提供することは避けなければなりません。事業所が提供するサービスによっては、複数のターゲットに同一場所で提供できる場合もありますが、ターゲットごとにサービスを提供する場所を変えることが基本となります。

6　四つのPで具体的なサービス内容を決めます

（1）検討の軸となる四つのP

具体的な行動を決める活動で検討すべき代表的な項目に、4Pと言われるものがあります。Product（サービス）、Place（立地）、Price（価格）、Promotion（宣伝、販売促進）の四つのPです。

4Pの相互関係

4Pは関連しており、総合的に考える必要があります。一時入居金として1億円以上の金額を設定している有料老人ホームの場合、広い居室、有名シェフの食事、手厚いケア等、料金に見合ったサービスを提供する必要があります。高級感をイメージさせる場所に設置し、宣伝も高級感を前面に押し出したものになるでしょう。

4Pの何から考えるかに決まりはありません、ターゲットを意識したうえで、思いや理念、強味や独自性、地域との関係などにより、試行錯誤しながら決めていくことになります。

以下に、高齢者介護サービスにおける4Pを検討していくうえで失敗しな

いための留意点を記載していきます。

（2）Product：サービス

Productは販売する商品や提供するサービスのことです。高齢者介護の場合はサービスが中心となります。

重要なのは、ターゲットに合致していることと、キラリと光るものがあることです。提供しているサービスが、顧客のどのようなニーズ・ウォンツに結びついているかを明確にしてください。顧客は利用者だけではなく、居宅介護支援事業所のケアマネジャーなどを含め広くとらえてください。そのうえで、誰のために、何を提供しているのかを確認してください。

高齢者介護サービスが支えているのは、高齢者の生活全体です。訪問介護や通所介護を提供することで、その人の生活や人生がどのように変化するかを想定することが大切です。提供している時間だけがサービスではないことに留意が必要です。

居宅サービスの場合は、居宅介護支援事業所のケアマネジャーが作成したケアプランに基づいて、複数の事業所が１人の利用者にかかわっていきます。ケアプラン全体に対するそれぞれのサービスの役割をきちんと理解しておく必要があります。そのことが、ケアマネジャーの信頼にもつながっていきます。

提供するサービスとして、アクティビティについて考えてみます。元気な人が多い老人ホーム（自立型有料老人ホームなど）では、運動機能や認知機能の維持向上を目的とするとともに、高齢者の自尊を保つようなリハビリテーションを提供していく必要があります。囲碁、将棋などルールが存在するもの、創作、華道・茶道など知識が必要なもの、パソコンを活用したものなど、知的好奇心をくすぐるものが有効となります。運動であれば、ヨガ、ストレッチだけではなく、ウォーキング、スイミングなど、若い人が実施するのと同じようなレクリエーションを実施することで意欲を引き出すことに

もなります。

　介護度の重い人が多い特養（特別養護老人ホーム）などでは、難易度を低くしたレクリエーションを提供する必要があります。また、麻痺がある人、車いすの人など身体状況によってグループ分けをして、それぞれの高齢者が楽しんでレクリエーションに参加し目的を達成できるように配慮していく必要もあります。

　高価格の有料老人ホームでは、社会的地位の高い人が多いことを意識しなければなりません。講師は外部から専門家を招くとともに、用いる道具にも高品質のものを揃えるなど、他では味わえないようなアクティビティを提供していく必要があります。

　低価格の有料老人ホームや介護保険施設（特養等）でのアクティビティでは、ボランティアや職員が講師となり、限られた予算内で目的を最大限に達成する工夫をしていくことになります。

（3）Place：立地

①便利な場所

　立地を考えるうえで一番大切なことは、その場所が便利かどうかです。「人生の最後は、地方で隠居生活をゆっくり送りたいはずだ」という先入観のもと、温泉地域にリゾートマンションを建築するブームがありましたが、結果はどうだったでしょうか。

　介護度の高い高齢者であっても、生活感のない地域に住もうとは思いません。都市部に住んでいた人にとっては、近くに郵便局や銀行、コンビニや商業施設があるのが当たり前です。旅行先であればゆっくり静かなところを望みますが、生活する場所としては、寝たきりであっても生活感のある空気を感じていたいと思っています。家族にとっても、電車やバスを乗りついで何時間もかかる場所では訪問する回数が減っていってしまいます。

②人が住みたい方向

勤め先を選択する場合を考えてみます。自宅から見て駅（繁華街）の方向にある事務所と自宅から駅と反対側にある事務所があった場合、どちらに勤めたいでしょうか。自宅から見て駅の方向にある事務所に行きたいという人が多いのではないでしょうか。それは、駅方面のほうが便利だからです。

高齢者介護サービスを提供する場所にも同じことが言えます。同じサービスを受けるなら、高齢者も都会側へ移動するほうがうれしいはずです。高齢者は「人さまに迷惑をかけたくない」とよく言いますが、孤立したいわけではありません。立地を考える場合も、一般の人がマンションや勤務地を選ぶのと同じ感覚で検討してください。

③医療機関

病院や診療所との関係も重要です。配置医師が必要な場合は、継続的に関係が結べる医療機関が近隣に必要となります。また、配置医師が内科医の場合、歯科、整形外科、精神科・心療内科等や総合病院など、他の診療科の医療機関が近隣にあり協力できる関係にあることが重要です。また、緊急搬送が必要になった場合、どこの病院が受け入れてくれるかを明確にし、事前に関係を構築しておきましょう。

（4）Price：価格

①公平

介護保険内のサービスを提供する事業所であっても、食事や自費サービスについては利用者の所得階層によって提供するサービスが変えられます。ただし、値段が異なる複数の食事を1つの場所で提供してはいけません。必ず「何であっちの利用者と私の食事は違うの」というクレームにつながります。レクリエーションに関しても、特別な場所への外出支援、例えば映画館への外出支援等を提供する場合、それなりのお金がかかります。毎月映画を見にいける人といけない人が混在していると、そこにもクレームが発生します。

　このように価格においても、所得階層と要介護状態によりサービスを提供する対象を分けて考えることが重要です。分けて考えたうえで、個々のターゲットに対して、不平・不満が出ないように工夫しましょう。

②割引

　介護保険サービスでは、単位数を割引して提供することが可能です。割引する場合は、特定の利用者だけではなく、全員に同じ条件で割引を適用する必要があります。

　一般の小売店では、競合他社と競争するための戦略として割引が存在します。もともと割引はレッドオーシャンの中での戦略のためおすすめしませんが、介護保険サービスではさらにおすすめできない理由があります。それは、利用者にとってメリットが少ないからです。

　利用者がデイサービスに1日いる場合の介護単位数を900単位としましょう。これを1割引にすると810単位になります。1単位10円だとすると、事業所の収入は900円低下します。1割負担の利用者の場合、利用者負担は900単位なら900円（900単位×10円×1割）、1割引なら810円（810単位×10円×1割）です。事業所が900円値引をしたのに、利用者は90円しか恩恵を受けないことになります。900円値引くのであれば、昼食を無料にしたほうが利用者は喜びます。割引を検討する場合は、誰がどのようにお得感を感じるかを意識してください。くれぐれもレッドオーシャンに巻き込まれないよう、他事業所との差別化の一環と位置づけて考えてください。

（5）Promotion：販売促進、広告宣伝

①さまざまな顧客を意識

　通常の商品やサービスであれば、実際に使う利用者を顧客として、知ってもらうための宣伝をします。では、介護事業所から見た顧客は誰でしょうか。本章2（1）でも述べたように、誰が利用者を連れてくるかを考えてみましょう。例えば、有料老人ホームの場合、利用者が施設を利用するまでの流れと

して、次のようなパターンが考えられます。

・直接、有料老人ホームに行って相談し、利用につながる。

・有料老人ホーム等を紹介するサービスで相談し、利用につながる。

・市町村の窓口（通常は地域包括支援センターが担当します）経由で利用につながる。

・居宅介護支援事業所の紹介により利用につながる。

・病院、診療所への相談から利用につながる。

　利用までの流れには利用者だけではなく、家族も大きく関与しています。また、デイサービス等の居宅サービスを利用する場合には、居宅介護支援事業所のケアマネジャーがケアプランの中に位置づけないと利用してもらえません。

　こうしてみると、介護を提供するサービスを直接利用者が選択するという状況は多くはありません。利用者を連れてくるのは、居宅介護支援事業所のケアマネジャーであったり、病院の地域連携担当者などの専門家であったりします。その専門家に対して、キラリと光るものを理解してもらう必要があります。

　もちろん、利用者・家族にも、きちんとサービスを認知してもらう必要があります。地域に必要な存在として、身近なテーマでセミナーを開催したり、相談会を開催したりして、地域の皆さんに頼りになる存在だと認識してもらう必要があります。そのことが、専門家であるケアマネジャーや病院の関係者への信頼にもつながります。

②ホームページ

　事業所の存在を顧客に知ってもらうための手段として、ホームページは必須です。親の介護のための情報を探す家族が最初にすることは、インターネットによる情報収集です。「介護を受けるには」、「良い有料老人ホームの見つけ方」などのキーワードを入力し、情報を収集します。

　ケアマネジャーもケアプランに組み込む介護サービス事業所について、インターネットで情報を収集します。ホームページがない事業所は存在していない事業所と等しいことを認識してください。

　ホームページの中身も重要です。プロのモデルを使いイメージを重視したホームページも見かけますが、イメージと現実の間にギャップが発生する可能性もあります。モデルには、いきいきと働いている職員を登場させるのがいいでしょう。また、キラリと光るもの、経営者が大事にしている思い、職員が日々意識していることなどについてもきちんと記載しましょう。

　ホームページは頻繁に更新することも重要です。日々の行事やレクリエーションを掲載している施設も多いですが、「何を実施したか」とともに「何を意図して実施したか」の部分をきちんと記載するようにしてください。また、専門性に基づいた予防や介護に関する助言を定期的に発信すると信頼性も高まります。要介護状態が改善するのは難しいことですが、家族はおじいちゃんやおばあちゃんに元気になってもらうための情報を求めています。

　掲載については、個人情報の保護にも注意してください。利用者が楽しんでいるレクリエーションの風景を紹介しているホームページもあり、利用者の表情も良く「いい施設だな」と感じられますが、顔も個人情報です。自分の家族がその施設にいることを知られたくない人もいます。個人情報が漏れたことでクレームや訴訟に発展することもあります。見える化と情報公開は必要ですが、くれぐれも注意してください。

　フェイスブック、ライン、インスタグラムなどのSNSも施設を知ってもらうために有効ですが、何をどこに届けたいか、ターゲットを明確にしたうえで利用するようにしてください。

7　ターゲットを意識して事業展開しましょう

　複数の事業を展開する場合、二つの考え方があります。一つは「ターゲッ

トは変えずに他地域へ展開する（多店舗展開）」、もう一つは、「今、展開している地域でターゲットを拡大する（多業種拡大）」です。

多店舗展開の場合、展開を考えている地域に、自事業所のキラリと光る部分の需要があるかどうか調査してください。そのうえで、地域の特徴をとらえ、地域に合う工夫をしていく必要があります。キラリと光るものを活かしたプロダクトアウト的な展開であっても、その地域に合わせたマーケットイン的な対応は必須です。常に利用者の状況やケアマネジャーなどの意見を確認しながら、各地域でじっくり事業を育てていく必要があります。ある地域で成功したモデルが他の地域でそのまま通用するとは思わないでください。地域の状況や環境はそれぞれ異なります。活かすべきキラリと光るものをどのように展開していくかについては、それぞれの地域を対象にマーケティング活動を実施したうえで考える必要があります。

多業種拡大の場合は、介護事業内の展開だけではなく、ヘルス事業など元気な人にターゲットの範囲を広げたり、子どもを対象にしたサービスを検討したりすることも必要です。地域に根づいたブランドを他のターゲットにどのように使っていけば相乗効果が得られるかを考えてください。その際、その街の住民と一緒にサービスをつくっていく感覚も必要となります。

失敗に学ぶ：埋まらない居室

有料老人ホームやサ高住（サービス付き高齢者住宅）では、入居率が経営の一番重要なポイントになるのは当然です。しかし、現実には、例えばサ高住の場合、16.9%が入居率70%未満となっています（平成28年度調査。設立まもないところも含まれています）。

一般的に、有料老人ホーム、サ高住では、入居率が90%以上ないと経営は成り立たないと考えられており、70%未満という入居率は、設立3年目以降であれば、論外

とも言うべき数字です。

　このようなことが起こってしまう理由は極めて単純で、

　・人手不足によりオープンできない

　・その地域に需要がない

　・地域の需要条件とのアンマッチ

の三つしか考えられません。

　単に、そこに土地があるから、そこに土地が見つかったからという理由で高齢者施設をつくるとしたら、あまりにも無謀です。マーケティングの不在は、取り返しがつかないのです。

第8章 | その他の課題と解決へのアドバイス

── Headline ──────────────

1 すべてのモノの活用と導入に際し、注意すべきことがあります
2 人が行わなくてもいいことは機械に任せることも考えましょう
3 外国人職員を温かく迎え、サポートする姿勢が大切です

1 すべてのモノの活用と導入に際し、注意すべきことがあります

(1) 利用者、職員、事業所に影響するすべてのモノ

　福祉用具の進歩発展については、めざましいものがあることはご承知の通りです。毎年行われる福祉機器展をはじめとする各種展示会、製品発表会などに参加すれば、多種多様で幅広いジャンルの福祉機器・高齢者向け食品などが展示され、目が飛び出るような価格のものもあれば、拍子抜けするほど安価なものもあり、飽きないというよりも呆れるほどです。

　車いすや特殊寝台などが福祉用具としてイメージしやすいものですが、実際に要介護高齢者の暮らしにとって有効で有益な用具、機器、備品、設備には、在宅サービスの福祉用具購入、福祉用具貸与で保険給付の対象になるもの以外にも、たくさんのものがあります。

　事業所における温度・湿度管理は利用者の健康状態に大きな影響を与えます。温度・湿度管理をおろそかにしてインフルエンザなどによる入院が増えた場合、事業所の収入にも影響を与えることになります。エアコンや加湿器は福祉用具ではありませんが、利用者の生活、職員の業務、事業所の収入に大きな影響を及ぼすわけです。

　つまり、事業所にあるすべてのモノは、直接・間接に、利用者の健康状態や心理状態に影響を与え、職員の業務にも影響を与え、事業所の収入や利益にまで影響を与えると理解すべきでしょう。

（2）利用者の生活環境、職員の労働環境に寄与するモノ

　事業所は利用者にとっては生活の場であり、職員にとっては仕事の場です。大きく言えば次のようなことが、居心地、緊張―リラックス、動きやすさ、健康などに影響します。

- ・建物の構造
- ・各部屋（居室、トイレ、浴室、医務室、ステーション、汚物処理室など）やエレベータなどの配置
- ・各部分、各部屋内部の内装（カーテンなど含む）、しつらえ（手すりなど含む）、家具など（形、大きさ、色彩など）
- ・備品、消耗品などの置き場所（収納含む）など
- ・環境をつくる音（BGM含む）、香り・匂い、光・照明、温度・湿度、床のクッション、壁の手触りなど

　もちろん、建物の構造や部屋の内装などは、物理的・予算的制約から変更が困難な場合もあります。しかし、これらの利用者を取り巻く生活環境と職員の労働環境に工夫を凝らし、戦略的に有利な環境を整えていくことはとても重要です。例えば、床面走行型リフトは、事業所の構造によって、同じ機種であっても常に有効に使える場合と事実上使えない場合が出てきます。

　古い構造の事業所では、コンセント、水回り、LAN配線（無線LANが普及して楽にはなりましたが）などで、不利な点が出てくるのはやむをえませんが、使用する機器のサイズ、置き場所、その結果としての動線を最適なものにするよう配慮することが必要です。

　新しい事業所をつくる場合でも、事前に想定していた通りの環境が実現することは極めてまれだと思います。したがって、事業所の環境は継続して改

良ししていく必要があるのです。

（3）経年劣化への対応

モノは、時間がたてば故障しがちになります。修理をすれば使えるものも多いですが、メンテナンスを怠っていたり、修理をせずにだましだまし使ったりしていると、本来の性能が発揮できません。残念ながら、介護の現場では適切なメンテナンスや修理がされていないケースが散見されます。その原因としては、次の三つがあげられます。

・上からいつも予算がないと言われて、現場がもうあきらめてしまった（学習性無力感と言います）。

・最初から壊れているので、現場はそういうものだと思っている。

・現場が本来の性能、使い方を知らない。

これらが現場の生産性を落とし、ムリ・ムチャ・ムラを増やしているのです。その経営上の損失は、メンテナンスや修理、買い替えのコストと引き比べて、妥当なものなのでしょうか。また、老朽化、劣化したモノは、危険であったり不快であったりします。きしむベッドを好む人はまれですし、臥床中に壊れでもしたら大変です。

財務会計には、「モノの価値は経年により減少する」という概念（減価償却）があります。わかりやすく言えば、メンテナンスを続けていても、いずれ買い替えが必要になるということです。

（4）陳腐化への対応

すべてのモノは陳腐化します。事業所にある設備も備品も、壊れていなくても（まだ使えるけれども）、時代遅れで、性能が悪いものに自然に変わっているのです。

例えば、今どきキャスターがついていない（在宅用）ベッドを使用している事業所は極めてまれだと思いますし、パソコンでなくワープロ専用機を使っている事業所はないと思います。

　陳腐化という考え方は、一般的には、より効率の良い有効なモノが現れた場合に、既存のモノに起こることです。新製品が出たからといって飛びつく必要はありませんが、旧製品と新製品を比較して、コストパフォーマンスや質の向上が認められるなら検討すべきでしょうし、そのためには普段からの情報収集が重要になります

（5）変化する建築様式、構造や福祉用具の思想や知見

　「徘徊老人の他の施設として痴呆専門棟に、老人の見当識（方向、場所、周囲の状況等を正しく理解する能力）に配慮した行動しやすい回廊式廊下等を可能な限り設けること」――これは、かつて認知症専門棟（当時は痴呆専門棟）の基準に含まれていた一文です。回廊式廊下というものが、認知症の周辺症状である徘徊に関する画期的な対策と考えられていた時期がありました。理由はさまざまですが、歩き回る高齢者が、安全にいつまでも歩き続けることができて、運動にもなり、そうすれば夜間によく眠れると考えられていました。

　もちろん今日では、こんなやり方はなくなっています。なくなった理由にも諸説ありますが、何より、徘徊には目的や目的地があるという知見が広がったこと、利用者の尊厳という面から不適切であると考えられるようになったことが大きいと思います。

　このように、介護の思想や知見が変化、進歩すれば、あるべき環境や用具も変わっていきます。布おむつから紙おむつへ、おむつ交換は回数が多いほど良いという考えから少ないほうが望ましいという考えへ、さらにはおむつを外すケアをめざすといったように、パラダイムシフト（それまで当然と考えられていた物の見方や考え方が劇的に変化すること）が起こっているのです。

　今どきの普通のケアをするためには、今どきの普通の設備や用具が必要です。そのためには、今どきの普通のケアを理解していなくてはいけません。

（6）受け入れる、受け入れない？　新しい思想

　今でも利用者の移乗に際し、リフト利用に抵抗感がある介護職員は一定数いるようです（少なくない事業所で天井走行式リフトが使われていないのが現実です）。

　筆者は、リフトを使うのが絶対だとは考えていません。使うほうが有利な場面や局面では使うべきと考えます。リフトを怖がる利用者は一定数いるでしょうし、費用も相当かかります。しかし、介護職員の数や力量、利用者の重度化、介護職員の健康（腰痛）を考えた場合、トランスファー（移乗）の役に立つ用具、機器を積極的に導入していくことは必須だと考えます

　もちろんそれがリフトである必要はありません。車いすに変形するベッド、スライディングボード、半ひじのいす、ひじ掛けやフットレストが外せる車いすなど、場面、局面、利用者、介護職員の組み合わせに応じた最適な（かつ今どきの）用具、備品などを取りそろえることが理想です。

　そうは言っても、予算には限りがあり、また最新式の考えやそれに基づいた道具は、まだ臨床での検証が十分でなく、不良や欠点があっても見つかっていないものです。介護事業所は研究機関ではないので、別に最先端である必要はありません。ある程度「枯れた技術」（最新の技術ではなく、すでに広く普及してメリットやデメリットが明らかになっている技術のこと：コストが安い）で、陳腐化していないが、未検証の考えではない今どきの思想に基づくものを基本とすべきでしょう。

（7）重要なのは細かい、小さな物品

　歯ブラシも含め、口腔ケア用品の質と量、使い勝手、利用者との相性、介護職員の使いこなしは、口腔ケアの質に大きく影響します。このような物品は、高価で高性能であるほど良いわけではなく、望ましい結果を得られるのに最適かどうかが問題です。食事の際の自助具なども同様です。どのようなスプーン（形状、大きさ）にどのくらいの量を乗せるかで、誤嚥のリスクは

まったく違ってくるでしょう。

　これらの物品は、一括して同種類のものを購入しがちですが、利用者に合わせて選定していき、現在あるもので不都合なら用意する（費用を事業所と利用者のどちらが負担するかはサービス種類や状況により違います）ほうが、結果として望ましい場合が多いことは言うまでもありません。

（8）設備、用具、備品、消耗品の安定稼働、安定供給

　日常業務は、それに使用する設備、用具、備品、消耗品が存在することが前提になっています。例えば、設備が故障して入浴できない、エアコンが故障して室温が30℃以上になった、発注忘れで必要なおむつがないなどといった場合は、業務に支障をきたすというより、利用者の健康、安全が守れないことになります。

　また、この種の物資不足は、現場の工夫や精神論で乗りきろうとしがちです。こうした通弊に陥らず、現場に効率的に心地よくスムーズに働いてもらうためにも、利用者の健康と安全を担保しましょう。そのために必要なのは、次の3点です。

　・設備、機器などの定期的な検査、メンテナンスを行う。

　・備品、消耗品の在庫管理を確かにする。

　・上記をスケジュール化、予算化する。

　具体的には、次のことを行います

　・設備の一覧表を作成し、検査、メンテナンスの頻度を設定する。

　・上記をもとに、年度のスケジュールを作成する。

　・備品の一覧表を作成する。

　・備品の入手経路を確認し、予備の在庫数を決める。

　・消耗品の一覧表を作成する。

　・消耗品の消費量を測定し、予備の在庫量および1回の発注量、発注タイミングを決める。

　また、設備、機器に関して重要なのは、次の3点です。

・故障した場合などの連絡先を確認しておく。

・実際に故障した場合、修理にどれくらい時間がかかるかなどを確認しておく。

・代替機器が確保できるのか確認しておく。

　止まると重大な支障が出るような設備や機器については、復旧スピードが極めて重要です。導入台数が少ない海外の機械などは、部品を海外から取り寄せる必要がある場合がありますので、リスク要因として考慮しておく必要があります。また、納品や修理にしても、盆暮れ・正月、ゴールデンウィークなどの繁忙期に当たると想定外の日数がかかる場合もあります。そういう時期には、消耗する部品の確保や備品、消耗品などの在庫量を考慮する必要があるでしょう。

2　人が行わなくてもいいことは機械に任せることも考えましょう
（1）皆が知っている人手不足

　介護事業所の人手不足については、第4章などの記述の通りです。職員の採用にも定着にもさまざまな取り組みがされているところです。しかし、日本の労働人口の減り方は大きく、残念ながらこのままでは介護現場は相当深刻な労働力不足に陥り、ケアが滞ることになるでしょう。既に、人手不足で一部しか開設できない事業所や人員要件を満たせず倒産する法人が毎年のように出ています。そのような背景の中、介護ロボットや外国人労働者の活用に期待が持たれています。

　とはいえ、介護ロボットや外国人労働者の活用は、介護業界においてはまったく新しい取り組みではありません。外国人労働者が介護現場で働く根拠となった経済連携協定（EPA）に基づく介護福祉士候補者の受入れは2008年から始まりました。そこから2018年までの間に同制度を利用した就労実

コラム　話題の取り組み3

バーチャル・リアリティ（VR）による認知症の体験

　認知症の人が見ている世界を体感できるVR認知症体験プログラムをご存じでしょうか。VRとはVirtual Reality（バーチャル・リアリティ）の略で、日本語ではよく「仮想現実」と訳されています。テレビゲームの延長としか思えないかもしれませんが、今やさまざまなものに利用されるシステムになっています。

　株式会社シルバーウッドが展開する「VR認知症体験プログラム」では、認知症でない人が認知症の中核症状を体験できます。書籍などを読んで認知症を知るのではなく、VRで体感することにより、認知症の人の感じていることをより理解できます。同社は管理者や介護職員が体験して、認知症に対する視点の転換を図ることを提案しています。

　その他、VRをゲームやリハビリテーションに利用する取り組みも増えています。単調だったリハビリ運動が画像の変化により楽しさが増し、モチベーションアップにもつながるのです。レクリエーションとしてVRでの旅行も体験可能になっています。VRを使ったゲーム、リハビリテーションやレクリエーションを採用すると、事業所の評価が高まるかもしれません。費用対効果を評価し、採用を考えてみてはいかがでしょう。

績を持つ外国人は約4,300人になります。つまり、実績も課題もその対策ノウハウも、既にある程度、あるところにはあるということです。介護ロボットについても、例えば、腰痛予防のための機械浴槽ととらえれば、ずいぶんと実績があります。製品の開発もラインナップも充実してきました。

　外国人労働者や介護ロボットの活用については、介護業界には既に一定のノウハウがあり、今後、人手不足の背景の中で両策とも拡大期に入るのです。せっかく実績があるのですから、学びながらその導入や準備を着実に進めるべきでしょう。

（2）介護ロボット、外国人労働者 ── 失敗しない準備

　事業所に介護ロボットを導入するにしても、外国人労働者を活用するにしても、共通して有効となる準備は業務の小分けです。業務が小分けできていれば、小さくなった業務の一つを外国人に担当してもらうことも、介護ロボットへ任せることもやりやすくなります（これは日本人の新人職員にも有効です）。

　例えば、入浴介助は、浴室の室温準備、湯張り、入浴グッズ準備（タオル・石鹸・洗身用品など）、水分準備、入浴記録、フロアスタッフとの連携、医療職との連携、バイタルチェック、入浴前のトイレ誘導、声かけ、誘導、脱衣、身体観察、移乗、洗身、見守り、拭身、塗布薬、着衣、水分補給、ドライヤー、移動介助、浴室清掃、片付け、洗濯など、少なくとも25項目の業務へ小分けができます。どの業務なら任せてもいいか、業務を差配する管理者にも判断がつきやすくなります。また、任せられるほうも業務指示と業務範囲がわかりやすくなります。両者にとってメリットです。

　介護ロボット（機器や業務ソフト）には何を任せるか、来日したばかりでまだ慣れていない外国人にまず何を担当してもらうか、入職して1年経った外国人介護職員に次は何を任せていくか……業務を小分けしておけばそれらの判断がつきやすくなります。

　もし、業務の小分けをせず、入浴介助を一つの業務ととらえていたら、なかなか業務を任せる段階にはならないでしょう。どうしてもリスクのほうに着目してしまいますし、入浴介助のように25項目もある複雑で臨機応変な業務ができるようになるのは、とても大変なことです。

　ですから、業務の小分けは、準備として大事なポイントです。実際に施策導入してからの運用段階でも、ランニングチェンジをしながらさらに小分けしていくことで、ますます有効なものになっていきます。

（3）介護ロボットについて

　厚生労働省は経済産業省とともに「ロボット技術の介護利用における重点分野」を6分野13項目に区分して定め、開発や導入の支援を進めています。また、国は、「ロボット」を次の三つの要素技術を有する知能化した機械システムと定義しています。

　　・情報を感知（センサー系）

　　・判断し（知能・制御系）

　　・動作する（駆動系）

　このうちロボット技術が応用され、利用者の自立支援や介護者の負担の軽減に役立つ介護機器を「介護ロボット」と呼んでいます。

　介護ロボットと聞くと、移乗や入浴などのケアをすべて行うロボットをイメージされる人もいますが、離床センサーによる見守りや機械浴利用による入浴介助、介護記録などの業務支援ソフトも介護ロボットと定義されています。既に介護現場でなじみのあるものも含まれているわけです。これらに加え、パワースーツのような装着型の機器やセンサーによる遠隔見守り、電動アシストがついた歩行支援機器など、今後に期待のできる目新しい機器分野もあります。

　これらの介護ロボットのさらなる進化や新しい機器の開発が利用者の自立支援や介護職員の負担軽減につながり、介護の質と生産性が向上することが期待されています。

（4）IoT、AI、ロボットの持つ可能性

　ロボットや機械に高齢者のケアを任せていくと聞くと、本当に大丈夫なのかと不安になるものです。そこは厳しく安全性を確かめていくべきでしょう。とはいえ、安全に不安があるという理由だけで、すべてのロボットや機器の導入を拒否することはありません。どんな介護ロボットがあるのか関心を持っておきたいところです。

ロボット技術の介護利用における重点分野

（1）移乗介助
- ロボット技術を用いて介助者のパワーアシストを行う装着型の機器
- ロボット技術を用いて介助者による抱え上げ動作のパワーアシストを行う非装着型の機器

（2）移動支援
- 高齢者等の外出をサポートし、荷物等を安全に運搬できるロボット技術を用いた歩行支援機器
- 高齢者等の屋内移動や立ち座りをサポートし、特にトイレへの往復やトイレ内での姿勢保持を支援するロボット技術を用いた歩行支援機器
- 高齢者等の外出等をサポートし、転倒予防や歩行等を補助するロボット技術を用いた装着型の移動支援機器

（3）排泄支援
- 排泄物の処理にロボット技術を用いた設置位置の調整可能なトイレ
- ロボット技術を用いて排泄を予測し、的確なタイミングでトイレへ誘導する機器
- ロボット技術を用いてトイレ内での下衣の着脱等の排泄の一連の動作を支援する機器

（4）見守り・コミュニケーション
- 介護施設において使用する、センサーや外部通信機能を備えたロボット技術を用いた機器のプラットフォーム
- 在宅介護において使用する、転倒検知センサーや外部通信機能を備えたロボット技術を用いた機器のプラットフォーム
- 高齢者等とのコミュニケーションにロボット技術を用いた生活支援機器

（5）入浴支援
- ロボット技術を用いて浴槽に出入りする際の一連の動作を支援する機器

（6）介護業務支援
- ロボット技術を用いて、見守り、移動支援、排泄支援をはじめとする介護業務に伴う情報を収集・蓄積し、それを基に、高齢者等の必要な支援に活用することを可能とする機器

出所：厚生労働省「介護ロボットの開発・普及の促進」
　　　https://www.mhlw.go.jp/stf/seisakunitsuite/bunya/0000209634.html

　機械にケアなどできるわけがないという声もあります。介護職員の心のこもった丁寧なケアのすばらしさがすべて機械にとって代わられるようなことはないでしょう。これは将来においてもそうだと思います。

　しかし、介護現場でなじみのある機械浴なども、日々進化しています。歩行器も気の利いた機能が追加されています。他にも、利用者のプライバシーに配慮しながら24時間の見守りを担うIoT機器も開発されているのです。人による介護が当然とされてきた介護現場にロボットと協働するスタイルが導入され始めている背景には、大きな可能性があります。

　例えば、ケア記録を別の連絡ノートへ書き写す業務は、ITの力で不要になりつつあります。作業を忘れることもなく、常に書き写しができている仕組みになっています。介護保険制度黎明期にあったシステムに比べるとずいぶんと使い勝手も良くなり、ストレスがありません。書き写す業務に5分かかっていたとしたら、ここをITに任せることで発生した5分で介護職員は利用者と接するケアに向かうことができます。5分間あれば、もうちょっと会話を楽しめるかもしれません。もうちょっと一緒にお茶をする時間を持てるかもしれません。

　ITとのコラボレーションによって、介護職員には、より丁寧な、より豊かなケアの時間が生まれるのです。1人の利用者にもっと関わりたいという介護職員の願いが、介護ロボットの導入によって実現できる可能性があります。このように、どんな機器によって何ができるようになるかと考えながら介護ロボットに興味を持ってみることは、きっと楽しいと思います。

　現在、国の促進制度もあり、多くの企業が介護現場で活用するためのITツールやロボットの開発を進めています。近い将来、人でないとできない業務もロボットができるように進化し、カバーできる業務域が広がっていくことでしょう。介護ロボットと上手にコラボレーションして、利用者にも介護職員にも負担の少ないケアを実現していきたいものです。

（5）必要なケアの検証

　介護現場の業務には「人でないとできないこと、人が行ったほうがいいこと」と「そうでもないこと」があります。そうでもないことのほうを見てみると、「人が行わなくてもいいこと」があります。前述の介護記録の複写のような業務です。さらに、そうでもないことの中には、「人が行わないほうがいいこと」もあります。

　例えば、夜間の巡視です。就寝中の夜中、２時間ごとに人が寝室に入ってくることを心地良いと感じる人はいるでしょうか。私には抵抗があります。いくら安否、安全の確認のためとわかっていても、断りたいところです。

　そこで、就寝中にはベッドに付けられたセンサーが常時、心拍をセンシングし、居室内に設置されたセンサーによって室内温度・湿度などもセンシングしていたらどうでしょうか。温度・湿度に異常がなく、心拍が安定的に計測できていれば、静穏な状態です。利用者が快適な室内でベッド上にいること、心拍が安定していることなどを夜勤中の介護職員に伝える機器システムがあれば、多くの利用者の安全確認は居室への入室による巡視までしなくても可能でしょう。もちろん、利用者の中には目視で安全確認しなくてはならない人もいることと思います。その人の巡視は、センサー機器に頼らず（センサー情報も参考にしながら）、スタッフによる居室入室、目視による安全確認と柔軟に組み合わせて行うこともできます。

　利用者へ夜間入室巡視をしない、または訪問巡視回数を減らすことができれば、就寝中の利用者は夜勤の介護職員に睡眠を邪魔されずに安否確認をしてもらえます。良い睡眠は日中の生活にも良い影響があるでしょう。これまでの介護現場では、夜間巡視は当然に行うべき業務でした。しかし、IT機器やシステムを上手に導入することによって、これからは人が行わないほうがいいことになるのです。これまで行ってきたからという理由だけで、あたり前にこなしているケアは意外とたくさんあるものです。このケアは本当に必

要なのかと、ケアの常識をいったん疑ってみたいものです。

　実は必要ではないことや人が行わないほうがいいことを懸命にこなしているとしたら、もったいないことです。介護職員の力を、人が人へ心をこめて行う本当に必要なケアに振り向けたいものです。

3　外国人職員を温かく迎え、サポートする姿勢が大切です

（1）地域へケアを提供し続けるために

　日本の生産年齢人口（15〜64歳）の減少は数十年先まで続く見通しです。今でさえ介護の現場の人手不足は皆が感じているのに、この先、もっと人手が少なくなるとは、考えただけでもぞっとします。

　しかし、生産年齢人口は生まれた人の人数から推計するため、予測が大きく外れることはありません。避けては通れない現実なのです。言いかえれば、「既に発生している未来」であり、対策を考えないわけにはいきません。働く人が減るという未来がわかっているのですから、大慌てしないよう今から対策を進めておくべきです。前述の介護ロボットの活用も必要ですし、外国人の手を借りることも必要でしょう。国も充分とは言えませんが、さまざまな法や制度の整備を急いでいます。

　近年、外国人労働者は増え続けています。厚生労働省資料によれば、外国人労働者数は、平成20年調査では約48万人、平成30年調査では約146万人と、外国人雇用の届出が義務化されて以降、最高の人数を更新しました。ここ10年間で全体としては、おおよそ100万人も増加しています。外国人労働者は、日本のさまざまな職場において業務の大きな担い手であり、日本経済の大切な支え手になっているのです。

　最も就労実績が多いのは製造業です。平成30年調査では、従業員30人未満の製造業による雇入れが多い傾向が見られます。10年前の平成20年調査では、従業員50人未満の製造業による雇入れが第1位でしたので、より小

規模な事業者へシフトしています。小規模な事業者は、採用にかけられる労力もノウハウも、大手に比べればどうしても限られます。そんな事情が背景にあると推測されます。

　これは介護業界も同じです。介護業界における外国人職員活用の取り組みは、これまでは比較的経営基盤の大きな法人により進められてきましたが、製造業の先行事例にあるように、今後は小規模な事業者ほど外国人雇用への取り組みが重要になります。

　地域へケアを提供し続けるために、外国人介護職員の力を借りることを考えましょう。大手にはない、小規模で運営している良さ、温かさをはっきりと打ち出し、多様性を受け入れる柔軟な事業所をめざすのです。外国人労働者にとっても、小規模事業所の良さは働きやすい要素になります。希望と不安を抱えつつ遠い日本まで来ている彼らを、温かく迎え入れたいものです。

（2）なぜ、日本の介護？

　同じ国の人たちのコミュニティも多くあり、就業条件についての情報交換も盛んです。そのような状況の中で、外国人労働者が日本の介護現場で働く目的とは何でしょうか。稼ぐだけなら他にも仕事があります。日本語力や介護技術まで求められる介護の職場を選ぶ理由とは何なのでしょう。筆者のまわりにいる外国人介護職員に尋ねてみると、「まずはしっかりお金を稼ぐこと。それから、将来、母国のお年寄りを看たい」と答えてくれました。「だから、日本の介護を学び、母国へ持って帰りたい」と熱い気持ちを聞かせてくれたのです。

　日本は、世界的に、また歴史上でも類を見ない速度で高齢化しています。かなりのスピードで高齢化していくがゆえに、付随する社会課題にどう対処していくのか、世界が注目しています。日本に続いて高齢化が見通されているアジアの国々は、特に高い関心を示しています。見方を変えれば、日本は超高齢社会の課題解決先進国なのです。

　日本は、ヨーロッパの介護に学ぶところも多かったのですが、スウェーデンやオランダが時間をかけて高齢化したのに比べ、日本の高齢化は短期間に早いスピードで進んでいます。アジアの中には、日本をさらに上回るスピードで高齢化することが予測されている国もあります。高齢化社会の到来スピードにおいて日本は先進事例なのです。

　生活様式、文化、家族のあり方などは、色濃く介護のノウハウに影響するものです。日本が経験してきた介護の実績は、こうした風土が日本と似通っているアジアの国々にも役立つノウハウであり、貢献できるものになります。

　日本の介護現場で働く外国人介護職員には、自国や自身の将来を見据えている人たちもいます。先ほど紹介した外国人介護職員の声もそうです。大きなビジョンに基づいて来日し、遠く家族と離れて介護を学ぶ人たちが、日本の高齢者介護の担い手になってくれています。私たちが助かるのですから、介護のノウハウはしっかりお渡ししたいものです。

（3）外国人を迎えるための四つの制度

　2020年1月現在、外国人介護職員を雇用するために利用できる四つの制度があります。制度によって日本語力や就労期間、介護サービスの種類にも違いがあります。厚生労働省から出されているパンフレット「外国人介護職員の雇用に関する介護事業者向けガイドブック」（https://www.mhlw.go.jp/content/12000000/000496822.pdf）に一覧でわかりやすく比較されていますので、ご自身の事業所の状況に合わせてご確認ください。

　また、介護事業所に限りませんが、外国人を雇用すること自体の相談窓口も各都道府県に設置されています。ハローワークが申込み窓口となっており、無料で専門的な助言が受けられます。

（4）外国人雇用管理アドバイザー制度

　厚生労働省では、外国人雇用管理アドバイザー制度を設けて、雇用後の課題の相談も受け付けています（https://www.mhlw.go.jp/www2/topics/seido/

anteikyoku/koyoukanri/index.htm）。例えば、業務指示の伝え方への工夫など、多くの事例をもとにしたアドバイスが受けられますので、参考にすべきでしょう。雇用トラブルになってからではなく、早い段階で相談制度を活用することで、不遇な外国人介護職員を出さないようにしたいものです。

（5）外国人職員へのサポート

　このように、外国人が日本の介護現場で働く際の制度はありますが、制度だけでスムーズな就業ができるわけではありません。彼らにしてみれば、就業するうえでも、生活するうえでも、勝手がわからないことばかりです。逆の立場で、われわれが外国の見知らぬ土地で働き、生活を始める場合を考えてみると、困難なことや不安なことはいくらでもありそうです。そこへ手を差し伸べるさまざまなサポートが必要です。

　基本的なことですが、外国人の労働条件は日本人と同等であることが必須です。不当に安い賃金で雇い入れる、サービス残業を強いるようなことがあってはいけません。

　次に、業務上だけでなく、生活面をサポートする担当者をつけましょう。では、彼らはどんなことに困っていて、担当者はどのようにサポートすべきなのでしょうか。例えば、住居については社宅を用意することからはじまります。さらには、社宅の周囲の医療機関、電車やバスなどの交通機関、役所や郵便などの行政機関、教会などの宗教に関する案内をするとともに、通信手段の確保も大切です。日本で使用するスマートフォンを法人が貸与する、もしくは本人が所有するのであれば、いつ、どこで用意できるかを伝え、場合によっては携帯ショップへ同行してでも入手できるようにサポートしてください。

　通信手段については、そこまでしてでも手配することが大切です。なぜなら、母国にいる家族との連絡や会話は彼らが働くうえでのエネルギーだからです。これに関連して、社宅にWifi環境を整備し費用を固定費化して、料金

を気にせずに母国の家族とSNSや動画会話ができる環境を提供しましょう。さまざまなサポートについて、生活サポート担当者は、他法人の事例も集めてノウハウの集積に努めてください。ノウハウのないまま外国人を迎え入れるのはトラブルのもとであり、無責任な行為です。充分なノウハウ蓄積とまではいかなくても、外国人雇用、生活サポートについて相談できる相手を見つけておくことが大切です。

　外国人に日本人と同じ労働条件で働いてもらい、このようなサポートまでしていくと、結果として日本人より高コストになることがありますが、これをノウハウ蓄積のための費用であり、投資ととらえてみてはいかがでしょうか。これからの人口減少時代、日本人職員の採用がますます難しくなると想定される中、投資してでも外国人の雇用ノウハウと実績を持ち、さらにさまざまなケースへの対応力を蓄積していくべきであると思います。そうすれば、外国人職員が自事業所の大きな助けになってくれることでしょう。地域への介護サービスの提供を途絶えさせることなく、継続的に提供できる体制をつくるためにも、真摯に取り組むべきテーマです。

失敗に学ぶ：使わないシステム

　介護現場において、コンピュータシステムは重要であると同時に、まだまだ課題が多いものです。

　ときどき見かける失敗として、記録システムなどで、既成のシステムでは飽き足らず、独自のシステムをつくろうと試みて、「動かないシステム」、「使われないシステム」に多額の投資をしてしまう場合があります。

　独自開発そのものが悪いわけではありませんが、一般的に、介護事業所はコンピュータソフトの発注に伴う機能要件の定義などができるスキルを持っていません。また、不慣れな発注側をサポートできるほど、受注側の開発会社も介護に対する知見

やノウハウを持っていないのが現実です。

　さらに、発注側と受注側のシステム開発費用に関する認識に大きな差があります。すごく単純に言えば、システム開発には、ユーザーが考えるより多額の費用（場合によっては、10倍以上）がかかるのです。独自のシステム開発は、成功すればメリットも大きいものですが、相当なリスクを覚悟しておかなければなりません。介護保険制度は3年ごとに改定されますので、その対応コストがバカにならないことも肝に銘じておくべきです。

第Ⅲ部

今どきの介護、
これからの介護

第9章 介護事業運営の論点

1 介護の世界は二極化から多極化へと動いています
2 CCRCやコンパクトシティは新しい高齢者介護の方向を示しています
3 「ケア」と「サービス」を分けて考えましょう
4 最新の認知症予防理論に注目しましょう
5 介護における自立支援では「依存的自立」をめざします
6 団塊ジュニア世代の社会的貧困と「8050問題」について考えてみましょう
7 医療と違い、介護には「標準」がありません

　本章では、介護事業運営の論点を整理します。厚生労働省の最新の施策や高齢者介護についての新しい考え方は知っておく必要がありますが、事業所にすぐに取り入れる必要はありません。まっとうな介護事業経営を模索する中で、最新の施策や考え方に飛びついてはいけません。まずはその動きを知り、背景や必要性をもとに取り入れるかどうかを見極める必要があります。

　介護事業の経営や運営にも、時代の変化や利用者の希望、ステークホルダーの要望などによる改革は必要です。しかし、拙速な動きは事業にも職員にも負担がかかりすぎるので、慎重さが必要です。

1　介護の世界は二極化から多極化へと動いています

　利用者10人が死亡した「静養ホームたまゆら」の火災では、生活保護受給者向け高齢者施設で生活する高齢者がクローズアップされました。一方、テレビドラマ「やすらぎの郷」の舞台となっているような高級有料老人ホーム

で生活する富裕層の高齢者も存在します。格差社会の象徴のような話ですが、介護保険の利用者である高齢者は、そのどちらでもない中間層の高齢者が多いのではないでしょうか。

「たまゆら」は無届の有料老人ホームです。低額家賃での運営をベースにしている物件で、生活保護受給者を対象にして、給付のほとんどを吸い上げる手法の高齢者住宅です。法的にもブラックあるいはグレーゾーンの部分が多いようですが、このような住宅がないと行き場のない高齢者が多いことも事実です。団塊ジュニア世代が高齢者となる時代にはこのような住宅の需要が拡大することが想定されます。

「やすらぎの郷」に象徴されるような高級有料老人ホームとして、「サクラビア成城」、「サンシティ」といった名前をお聞きになったことがあるでしょう。こうしたところでは、介護サービス、見守りサービスのほかに、ホテルのようなサービスがあります。コンシェルジェが存在し、健康維持増進のための設備や文化的な施設も充実し、本格的なレストランが併設されているなど、富裕層の利用者・家族の期待に応えるサービスを提供しています。

この二つの高齢者の住まいは極端な例ですが、これまでの有料老人ホームは入居の際、高額な一時金が必要でした。一般的なサラリーマンが定年まで勤めあげた場合でも退職金や年金では入居が難しいものが多かったのです。一方、特養（特別養護老人ホーム）は、ユニット型ではない従来型の4人部屋であれば、減免も含めて費用負担が少なく、幅広い層での利用が可能なものでした。ところが、施設での介護が必要な高齢者の増加により、入所の待機人数が大幅に増えました。そのため特養に入所できるのは要介護3以上が基本となるなど、ますます入所できない状況となっています。

戦後の高度経済成長を支えた団塊の世代のサラリーマンが後期高齢者の仲間入りをし、介護が必要な状態になっても、従来の有料老人ホームの一時金はハードルが高すぎて手が届きにくく、特養にも入れないという状況になっ

ています。

　第3章の1でも述べたように、2005年に介護保険施設（特別養護老人ホーム、老人保健施設、介護療養型医療施設）の居住費・食費、ショートステイ（短期入所生活介護、短期入所療養介護）の滞在費・食費が介護保険対象外となり、施設でも「ケア」と「住まい」の区別がされ、施設内での暮らしも住まいとしての扱いを受けるようになりました。

　民間企業はそこに可能性を見出し、一時金が低額あるいは一時金の必要ない有料老人ホームやサービス付き高齢者住宅を供給するようになりました。それぞれが特徴のあるサービスを打ち出すことで、高齢者の住まいは多様化・多極化しつつあります。

　ケアについては介護保険上の制約がありますが、利用者・家族の価値観、年金額や資産に合わせた介護保険外のサービスの提供については、方針・質・量・金額を示す（あるいは介護保険サービス外はやらない）ことで多様化・多極化した利用者・家族の要望を満たす必要があります。

2　CCRCやコンパクトシティは新しい高齢者介護の方向を示しています

（1）高齢者住宅の二つの類型

　高齢者が自宅から高齢者住宅などに移る動機としては、本人と家族の安心・安全・利便性、介護の必要性などがあげられます。

　高齢者住宅の類型の一つは、健常な高齢者向けの住まいです。核家族化する中で、高齢者の夫婦のみの世帯と一人暮らしの世帯が増えています。そのため自宅では高齢者の安心・安全が担保されず、利便性が悪い立地の場合には生活そのものが成り立たないという状況が出現します。この場合に住み替えを考えることになり、健常な高齢者向けの住まいが必要となります。

　もう一つの類型は、介護が必要になった人向けの住まいです。しかし、特

養は要介護度3以上でないと申し込めなくなりましたので、住み替え先は介護型の有料老人ホームやサービス付き高齢者住宅になります。

この二つの類型では、部屋の広さ、設備、期待されるサービスが異なります。介護が必要な高齢者の住まいの場合には、広さはあまり必要としません。また、食事も自分でつくることにはなりません。そのため、トイレや洗面、収納は必要でも、キッチンや浴室が居室にある必要がなくなります。健常者向けの場合は、一般のマンションのような広さ、キッチン、浴室等が必要になります。ただし、安心・安全のためにナースコールやセンサーなどの設備は介護型と同様に必要になり、職員による見守りサービス、選択制の食事サービスなどが期待されることになります。

サービス付き高齢者住宅には併設型もあります。賃貸住宅ですから介護が必要になったときには住み替えも可能になります。この考え方のベースはアメリカで始まったCCRCのイメージに近いものになります。

(2) CCRC (Continuing Care Retirement Community)

アメリカのCCRCは退職者のコミュニティとして、敷地内あるいは建物内に、①健常な高齢者向けの住宅、②介護が少し必要な人のためのアシステッドリビング、③かなり介護と看護が必要になってしまった人のためのナーシングホームの三つが存在し、買い物や食事、その他サービスも同時に受けられるというものです。

日本では医療制度的にナーシングホームに近い住まいの提供はできないため、アメリカ版のCCRCは難しいとされていました。しかし最近では、サービス付き高齢者住宅事業者が社会福祉法人や医療法人と提携し、同一地域内での介護・医療サービスを展開して、アメリカ版のCCRCに近いサービスを実現している事例があります。

一方、日本版CCRC構想は、「東京圏をはじめとする高齢者が、自らの希望に応じて地方に移り住み、地域社会において健康でアクティブな生活を送

るとともに、医療・介護が必要な時には継続的なケアを受けることができるような地域づくり」をめざすとされています（日本版CCRC構想有識者会議）。従来の高齢者施設と違うのは、健康な段階から入居し、健康なままで地域の仕事や社会活動、生涯学習などの活動に積極的に参加すること、地元住民や子ども・若者などの多世代と交流・共働する居住をめざすことです。

　しかし、東京圏をはじめ大都市の高齢者にとっては、地方移住そのものがかなりハードルの高いものです。ましてや高齢になって移住した地域で多世代の人たちと交流できる日本人は多くないように思えます。

　それより、自治体と連携して地域のコミュニティ施設が併設され、子育て世代の一般住宅もあり、保育園、幼稚園、学童保育所、塾なども隣接し、多世代の交流の機会がある併設型のサービス付き高齢者住宅「ココファン鶴見」や地域に開かれた共有スペースを持ち、入居した高齢者が働くレストランや駄菓子屋もあるサービス付き高齢者住宅「銀木犀船橋夏見」といった住まいのほうが、日本版CCRCよりもアメリカのCCRCに近く、地域包括ケアシステム構想との親和性も高いと思われます。

（3）コンパクトシティ

　当初は人口のドーナツ化現象による中心市街地の衰退の対策として提案されたコンパクトシティでしたが、改正都市再生特別措置法では都市機能の集約や公共交通網の再構築以外の「子育て支援」、「高齢者の暮らしやすいまちづくり」といった側面が強調されています。

　コンパクトシティでは医療、介護、福祉、子育ての機能を集約する必要があり、さらに住まいや移動、食事、見守りなど生活全般にわたるサービスも必要になります。医療・福祉施設、商業施設や住居等がまとまって立地し、高齢者を含めた住民が公共交通により医療・福祉施設や商業施設等にアクセスできるなど、日常生活に必要なサービスが身近に存在する必要があるのです。これは介護・医療分野では地域包括ケア、CCRCや複合型の高齢者住宅、

ITインフラを共通とするスマートシティ等と親和性があります。

　国土交通省は、①持続可能な都市経営（財政、経済）のため、②高齢者の生活環境、子育て環境のため、③地球環境のため、④防災のために、「コンパクトシティ＋ネットワーク」が必要であるとしています。この構想がある都市では、自法人の事業所の立地との係わりや連携を考慮していく必要があります。

3　「ケア」と「サービス」を分けて考えましょう

　介護保険財政の今後の見通しが厳しいことは間違いありません。その中で厚生労働省は3年ごとの見直し時に、介護度の低い人への生活援助や身体的介護に関する給付をさらに減らしてくると考えられます。

　第3章の1でも説明したように、従来の施設介護は老人福祉法等に基づく措置制度でした。利用者の生活すべてを支える「措置」の考え方では財政負担が膨大になるうえ、提供するサービスの範疇は広く、介護職員の負担が重くなります。介護保険導入後もこの措置制度時代の業務負担や思想が介護現場の主流になっている事業所も多いのではないかと思います。

　2005年に介護保険施設の居住費・食費、ショートステイの滞在費・食費が介護保険対象外になりました。自宅で自己負担している人がいるのに、介護保険で居住・滞在部分や食費まで給付するのはおかしいということで見直しがされたわけですが、今後はさらに進んで、介護として必要なケアと日常生活や居心地の改善のためのサービスを分離する必要があるのではないでしょうか。軽度者の生活援助サービスを市町村に移行しようという考え方はその流れの中にあると思われます。

　介護事業の運営の中で、事業所側は利用者の生活全体を把握できる立場にあるので、介護保険サービスのケアを超えた多くのサービスを提供しています。それが介護事業者のサービスの質の評価になり、事業所の良し悪しが評

価される部分でもあります。反面、このことは介護職員の負担を大きくしています。

利用料をサービス費、管理費等として設定している事業所も多いようですが、その利用料で提供可能なサービスは何で、別料金で提供するサービスは何かと明示することも必要になってきています。

第4章の人事労務に関するアドバイスのところでは、職員の教育と育成は「仕組み化」にかかっているとしています。これは、業務の標準化が必要であるということです。介護職員の業務分析は、この部分でも重要なファクターとなります。分析により実施すべき業務・サービスを明らかにして、その実施者と責任者・管理者も明確にすると、サービスの質と量が維持されることになります。

業務分析により介護保険サービスのケアではないものを提供していることがわかった場合、この部分を介護保険サービスのケアと分離することによってケアを担う介護職員の負担を減らすことができます。ケア以外のサービスについてメニューと金額を設定することで介護保険外の売上比率を上げることが可能にもなりますし、制度リスクへの対応にもなります。

4　最新の認知症予防理論に注目しましょう

「認知症施策推進総合戦略（新オレンジプラン）」をご存じでしょうか。いまや65歳以上高齢者の4人に1人が認知症またはその予備軍と言われ、さらに増加が見込まれています。このため、厚生労働省は認知症施策の総合的な推進に多くの予算を割いています。

介護事業所では、認知症の利用者についてさまざまな課題を抱えていることと思われます。そんな中、認知症ケアに関する専門研修を修了した者が提供すると加算が取れる介護サービスが増えています。介護職員の研修を通じて認知症のケアや予防に力を入れることは、事業所にとっても重要なテーマ

の一つになっています。

　例えば、ブームにもなった脳トレをレクリエーション等に組み込んでいる事業所もあるでしょう。音楽やパズル・ゲーム、絵や写真による回想療法などの認知症改善・予防のプログラムもあります。介護職員の負担にならない仕組みで実践し、介護保険外のサービスとしての展開も考えたいものです。

　国際医療福祉大学大学院の竹内孝仁教授は、「1日に水分を1.5リットル取る習慣をつければ、認知症は良くなる」と主張しています。これを実践している認知症グループホームでは、記憶や活動など多くの面で改善が見られると証言しています。実証実験も進んでいるようですが、実践の中で介護職員も水をよく飲むようになって体調が改善されたという話も聞きます。高齢者に1日1.5リットルの水を飲まそうとしても飲めない、トイレが近くなるなどと言って拒否されることもあります。しかし、体が欲している朝に多めに飲ませる、水に限定せず好きな飲み物やゼリーで水分を補給するなどの工夫で水分補給は可能になると言います。

　利用者の認知症が予防・改善されれば、そのまま介護職員の負担軽減になります。専門研修受講や情報収集により、認知症の予防・改善についての知見には、常に注目している必要があります。

5　介護における自立支援では「依存的自立」をめざします
（1）自立支援の意味

　介護保険法の目的の一つに自立支援が規定されています。しかし、この自立支援にはいろいろな解釈があるようです。組織として明確に定義づけておく必要があります。

　介護における自立支援の解釈の一つが、要介護度の維持や改善です。国や保険者にとっては介護保険給付の増加を抑えるために必要な考え方で、介護予防給付等の制度改正もこの解釈の流れからきているものと考えられます。

コラム　話題の取り組み4
認知症の予防・介護はいろいろ

　認知症予防のための水分補給の話は本章でも触れていますが、認知症予防・介護の取り組みはさまざまです。介護の現場でどんな取り組みをしているかは、利用者や家族の事業所選択の大きな要素になることを意識する必要があります。

　最近では、「ユマニチュード」と呼ばれるフランスの介護手法が高く評価されています。認知症の人の認知機能の衰えに合わせた接し方をしようというものです。例えば、認知症の人は視野が狭くなっているので正面から目線を合わせて接する、乱暴に扱われていると感じさせないようにゆっくり世話をする、言葉が途切れると無視されているように感じるので余計なことまでいくつもの3倍しゃべる、混乱を招くので間違いは正さないなどの手法です。

　もう実践している事業所も多いかもしれませんが、ユマニチュードの理論を取り込んで実践すると、事業所の評価が高まるかもしれません。

　そのほかにも、懐かしい絵をテーマに話を拡げるミッケルアートやNHKの回想法ライブラリーなど、回想法による認知症予防・介護は既に効果が認められているうえ、手軽に導入できる可能性があるので、検討してみてください。

　ADLの自立が介護予防であるという解釈もあります。1日1.5リットルの水を飲むとADLが改善するという竹内教授の理論はこの考え方です。長年にわたり特養等で介護を実践してきた竹内教授は、水分、食事、栄養、排せつなどのケアを通して、おむつ外し、認知症改善などのADL改善が可能であり、こうしたADLの改善が、QOLの向上につながると主張しています。

　利用者の選択権に重点を置き、ADLの自立性が損なわれても、その部分は介護サービスを受けて利用者の希望する生活ができるようにすることが介護における自立支援であるというのが、最も一般的な考え方でしょうか。

　介護事業所では利用者の自立支援とは何かをよく議論して、意思統一しておく必要があります。すべて自分でできるようになるのが自立支援の目的ではありません。利用者には病気や障害、老化があり、すべてができるようになるわけではないのです。回復する状況にある部位や機能を自ら使えるようにサポートするのが、介護における自立支援と言えるでしょう。

　時間がないから、介助したほうが痛みは少ないからと過剰に介助してはいけません。利用者が自分自身でできるように方向づけし、利用者自ら選択をしていると思える自立支援を実施したいものです。利用者のできることを見つけることも大切かもしれません。

（2）自立支援介護の方針と課題

　第2次安倍内閣では、自立支援介護の方針として次期介護報酬改定において、「効果のある自立支援について評価を行う。自立支援等の効果が科学的に裏付けられた介護の実現に向け、必要なデータを収集・分析するためのデータベースを構築し、2020年度の本格運用開始を目指す。データ分析による科学的な効果が裏付けられた介護サービスについて、2021年度以降の介護報酬改定で評価するとともに、そうしたサービスが受けられる事業所を厚生労働省のウェブサイトで公表し、国民に対する『見える化』を進める」としました。

　しかし、さまざまな取り組みを進めても、要介護度の改善が報酬減となり、事業所の経営を圧迫する仕組みが変わらなければ、政府の言う自立支援は拡大しないでしょう。自立支援に向けたインセンティブが必要になりますが、その評価が難しいのです。

　全国老人福祉施設協議会は、「利用者の意に反して栄養を投与し、リハビリを重ね、歩行器で歩かせることを強いるような『QOLの向上を伴わないADL回復の目的化』が促進されるリスクがある」としていますし、日本社会福祉士会は、「高齢者本人の意志に基づかない身体的自立に偏重した自立支

援は、介護保険法の目的である高齢者の『尊厳の保持』に反する」などと主張しています。今後も厚生労働省の自立支援への取り組みには注目しておく必要がありそうです。

　前述したように、介護における自立支援の目的は自分ですべてできるようになることではありません。介護職員のサポートを受けて生活課題を解決する依存的自立をめざすのです。依存の度合いは利用者それぞれです。老化、病気やケガで衰えた部分のうち、もとに戻せるところを戻し、戻った部分を使ってできることをできるようにするということなのです。

6　団塊ジュニア世代の社会的貧困と「8050問題」について考えてみましょう

　団塊世代が後期高齢者になる2020年代、非正規雇用が多く会社に冷遇され、不遇な時代を過ごしてきた団塊ジュニアたちは親の介護で疲弊することが予測されます。未婚で親と同居するケースが多いこの世代では、この時点で親に支えてもらえなくなる人が増加します。非正規雇用で賃金や社会保障のレベルが低いため、生活に困る人が多くなるのです。

　2030年代後半にはこの団塊ジュニア世代が高齢化して、生活困窮者や生活保護受給者が大幅に増加することが予測されています。そして、この世代に多い大人の引きこもりは、8050問題としてクローズアップされるようになってきています。2019年に内閣府は40～64歳の中高年ひきこもりが全国に推計61.3万人いると公表しました。介護、生活困窮、さらに親の遺体放置・年金不正受給等が報じられています。こうした人たちがそのまま高齢者となって、貧困層が増加することが懸念されています。

　所得が低い団塊ジュニア世代が高齢化する中で、税金を支払う能力が低い人たちが多くなる一方、社会保障支出は増加していく可能性が高くなります。社会保障費の増大に対してなかなか有効な施策が打てない中、団塊ジュニア

世代の高齢化が今後の国の経済・財政に深刻な影響をもたらすことは明らか
です。

　この団塊ジュニア世代の高齢化と8050問題は、介護事業には大きな負担
となってくることが予想されます。介護の窓口となる地域包括支援センター
や生活支援困窮者の窓口は、既に無職やひきこもりの中高年の子がいる家庭
の対応で大幅に時間を取られています。今までの仕組みでは収入の少ない高
齢者を支えることはできません。低コストの住宅や介護サービス、医療が必
要になるのです。具体的には、次のようなことが必要になってきます。

・国民年金しかない団塊ジュニア世代の高齢者の住まいには低コスト住宅が
　必要になります。

・低コストの介護サービスを供給するためには、今までのような介護サー
　ビスを見直して、最低限のケアにしていく必要があります。本当に必要
　なサービスかどうか、今まで以上に厳しい視点で検討する必要がありそ
　うです。

・医療も最低限のものにする必要があります。この時期に医療が過剰であ
　れば医療保険体制そのものが崩壊するので、ある年齢以上の高齢者では、
　診療報酬の減額と検査、手術、薬剤投与、延命治療の制限を考える必要
　があるでしょう。

7　医療と違い、介護には「標準」がありません

　医療では「標準医療」と言われる技術的、思想的な標準がコンセンサスを
得ています。もちろん技術や考え方は進歩・深化・発展するものですから、
各領域においてガイドラインなどの形で標準医療も更新されていきます。

　介護の領域にも標準的なやり方がないわけではありませんが、今ひとつ
はっきりしません。全国的に準拠されている標準があるとは言いきれない状
況にあると思います（初任者研修・実務者研修で教える介助ですら、統一さ

れているとは思えません）。

　医療では、疾患や症状別にガイドラインがあり、その中に示されている各
種治療法の中から選択することが、標準治療の基本になります。

　一方、介護では、例えば認知症ケアについても、総合的なガイドラインに
あたるものがなく、いろいろな取り組み、理論、メソッドが乱立している状
況です。身体介助の代表である移乗介助にしても、その方法、メソッドは数
限りなくあります。接遇の基本である利用者の呼び方についても、事業所や
介護職員によってさまざまな考えがあるものです。

　もっとも医療においても、このような領域は標準化されていません。医療
ではこうした領域が問題の中心になることは少なく、疾患や症状に対する治
療・処置がより中心的な課題であって、接遇についてはなおざりにされてい
ます。

　そのような状況の中、各理論・メソッドの縄張り争いにも似た不毛な議論
が起きることがあります。各理論の信奉者の多くが効果を強調するあまり、
特効薬・万能薬であるかのような発言をしてしまい、他の理論・メソッドと
の優劣の議論になっていくのです。

　本書でも、いわゆる「竹内理論」や「ユマニチュード」などを肯定的に紹介
していますが、これはこれらが本書で触れていない理論・メソッドよりも優
れていることを意味しているわけではありません。

　こうした理論やメソッドについては、次のように考えればいいと思います。

・すべての高齢者の症例に効果がある理論・メソッドは存在しない。

・ある程度普及している理論・メソッドについては、一定の（割合は何と
　も言えないが）効果があると考えていい。

・上記の意味で、すべての理論は蓋然性を高めるものであって、効果の
　程度は、極めて個別的・個人的なものである。

　つまり、いくら水を飲ませても覚醒しない利用者は竹内理論の例外になり

ますし、回想法がまるで効かない認知症高齢者もいるし、ユマニチュードの達人が関わっても暴れる利用者は暴れるのです。

　また、効果的かつ安全と言われている介助方法も、介助者・利用者の組み合わせによって、ずいぶん感じ方は違ってくるのです（介助には体格や関係性が重要で、関係性がないと身体を預けてもらえません）。だからと言って、それらの理論がまったく使えないとしてしまうのは、あまりにももったいないことです。

　また、平穏死や尊厳死、延命にかかる胃ろうや点滴の問題も極めて個別性が高い問題であり、事業所の方針として押しつけることはできません。まして、生死に直接関わらない食事の好み、飲酒・喫煙、入浴の好き嫌いなどについては、本人・家族と事業所・介護職員の人生観、生活観、介護観が違えば、考え方も違ってきて当然です。

　介護職員はできるだけ多くの引き出しを持ち、ケースに応じて最適と思える介護を実現したいものです。そのためには、多様な考え方を受け入れる姿勢が重要です。

失敗に学ぶ：キラキラ系と言われる人たち

　ネットの世界では、介護関係で「キラキラ系」と揶揄される人たちがいます。ネットの世界の話ですから、そのレッテルが妥当なのかどうかは定かではありませんが、介護の現場に理想論や原理主義を振りかざす人たちが存在することは、どうやら事実のようです。

　介護において、「利用者のため」というのは、すべてを正当化するマジックワードです。もちろんそれを否定することはできませんが、その一言で、現実離れした高い理想や自己犠牲を要求されたら、職員はたまったものではありません。「利用者が暴力を振るったりセクハラをしたりするのは、あなたの介護技術が低いせいだ」と言われた

介護職員は、自分を責めるしかなくなってしまいます。

　確かに、間違った介護や接遇により利用者を不穏にさせる場合はありますが、すべ
ての認知症の周辺症状を、介護や接遇技術で抑えることができるとは思えません。

　現実主義から離れ、極端に原理主義的な言動をする人が上司であったり、リーダー
であったりすると、その現場はカルトになるか崩壊するかのどちらかになります。カ
リスマ的介護を否定するつもりはありませんが、介護が普通の人が普通にできる仕事
にならなくては、人手不足は永遠に解消されません。

介護と生き方、考え方の変化

1 これからは介護施設も看取りに向き合う時代になります
2 介護施設での看取りにはさまざまなケアが求められます
3 要件を満たした施設には「看取り介護加算」が認められます
4 生き方・死に方・祀られ方を考えましょう

　介護事業は介護の必要な高齢者と日々お付き合いする世界です。そしてそれは、利用者の病気、老化、死と隣り合うことでもあります。

　人生の終末期を笑顔で暮らせると、人生のすべてを肯定的にとらえることができるのではないでしょうか。介護事業はそうなるためのサポートをする仕事とも言えます。

1　これからは介護施設も看取りに向き合う時代になります

（1）看取りとは

　看取りとは「近い将来、死が避けられないとされた人に対し、身体的苦痛や精神的苦痛を緩和・軽減するとともに、人生の最期まで尊厳ある生活を支援すること」と定義されています（看取り介護指針・説明支援ツール（平成27年度介護報酬改定対応版）公益社団法人全国老人福祉施設協議会）。

　戦後の変化の象徴と称される団塊の世代（1947〜1949年生まれ）が75歳以上になりきる2025年には、75歳以上の高齢者（後期高齢者）数は2,179万人となり、「後期高齢者2,000万人社会」が到来します（「都市部の強みを生かした地域包括ケアシステムの構築」厚生労働省）。それ以降、年間の死亡

数は増加傾向を示し、人口の大部分を占めている高齢者が死亡していく「多死社会」となります。

（2）多死社会と介護施設による看取り

　多死社会では、少子高齢化等による労働人口の減少で、死亡者数の増加に既存の医療サービスが対応できない可能性があります。また、単身世帯の増加で、看取ってくれる家族がいない人も増えてくるため、看取り場所を見つけられない「看取り難民」が増えると推定されるのです。厚生労働省は2040年には死亡者数が年間167万人になり、そのうち41万人の看取り場所がないと推計しています。

　世界と比較して、日本は病院での死亡率が高く、8割以上の人が病院で亡くなっています（「看取り　参考資料」厚生労働省）。しかし、これからは病院だけに看取り機能を頼り続けるのではなく、介護施設や自宅などでの看取り体制を強化し、住み慣れた場所で最期を迎えたいという希望に応えらえる体制を各地域に整備することが求められています。今後増加が予想される孤独死、火葬場や墓地不足の問題もあります。介護事業者はこれらの問題にも行政・地域・家族と連携して対応していく必要があります。

　介護事業者が利用者の看取りにどう向き合うかは大切な問題です。看取り介護加算の対象施設（後述）であればもちろんのこと、そうでない場合は提携する事業者がどこまで看取りに対応しているかを知る必要があります。ここでは、介護施設に期待される看取りについて考えます。

2　介護施設での看取りにはさまざまなケアが求められます

（1）医療系施設の看取りと介護系施設の看取りの違い

　医療系施設の看取り（ターミナルケア、終末医療）は点滴や酸素吸入などの終末期の医療と看護を中心とするのに対し、介護系施設の看取りは、食事や排せつの介助や褥瘡の防止など、日常生活のケアが中心になります。医療

系施設の看取りは医療施設における終末期の医療（介護含む）で、介護系施設の看取りは介護施設における終末期の介護（医療処置含む）ととらえるとわかりやすいかもしれません。

　従来、介護施設では、利用者の容態が急変した場合、救急車を呼んで搬送する対応が主流でした。しかし、介護施設で看取りまでケアする場合には、このような急変時にも救急車を呼ばず、医師と連絡をとりながら、事前に作成された看取り介護計画に沿ってケアを行っていくことになります。

　看取りケアを提供する場合、利用者が自分らしい最期を迎えるまでの時間を提供するだけでなく、家族に悔いを残さないでもらうこと、家族が利用者の死を受け入れられるように配慮すること、看取り後に家族にグリーフケア（後述）を提供することも大切です。また、看取りを行った介護職員の疲労感や後悔の気持ちを取り除き、介護職員が看取りを前向きにとらえられるように施設全体で支える体制も大切です。

（2）終末期の苦痛

　終末期の苦痛には、身体の痛みなどの「身体的苦痛」、不安や恐怖、孤独などの「精神的苦痛」、費用の負担などの経済的な問題、家庭内の問題などの「社会的苦痛」、死への恐怖などの「実存的苦痛」があります。看取りケアは、これらの苦痛や不安感を緩和し、利用者の生活の質（クオリティ・オブ・ライフ、Quality of Life：QOL）の改善を図るものです。

終末期の苦痛

身体的苦痛	痛み、他の身体症状、床ずれ（褥瘡）、日常生活の支障
精神的苦痛	不安、恐怖、孤独、うつ状態
社会的苦痛	経済的な問題、仕事上の問題、家庭内の問題
実存的苦痛	生きる意味への問い、死への恐怖、自責の念

①身体面のケア

介護施設における身体面のケアは、体調が今以上に悪くならないように日々観察を行い、体温、脈拍、血圧、呼吸数等のバイタルサインの変化を管理します。寝たきり状態になることも多いため、床ずれ（褥瘡）を予防するために定期的に体位変換を行ったり、クリーム等で皮膚を保持したりします。また、自然脱水を考慮し、皮膚、口唇、口中の乾燥を防ぎます。

②精神面のケア

死を感じると、不安、恐怖、孤独などから大きなストレスを感じる人が多くなります。介護施設における精神面のケアでは、利用者に対して、相手を理解するような声掛けをしたり、手や身体をさすったりといった優しいコミュニケーションをとることで、少しでもこのようなストレスを減らせるように努めます。

③社会面のケア

家族は利用者に充実した人生の終末期を送ってほしいと考えていても、利用者自身は「費用がかかるし、家族に迷惑をかけている」という思いに苦しむことがあります。介護施設における社会面のケアでは、利用者としっかりコミュニケーションをとりながら、利用者と家族の思いのギャップを埋めるのも介護職員の大切な役割です。

④実存的苦痛のケア

終末期になると、社会的な立場や役割に対する喪失感や死への恐怖から、多くの人がマイナス思考に陥ります。介護施設における実存的苦痛のケアでは、そのような状態にならないように、家族や介護職員が話し相手となって本人の心情に寄り添うことが大事です。

⑤グリーフケア（Grief care）

利用者の終末期の苦痛に対するケアとあわせて大切なのは、看取り後の家族や介護職員にグリーフケアを提供することです。

　グリーフケアは身近で大切な人を亡くし、大きな悲しみを感じている人を支えるためのケアです。介護施設におけるグリーフケアでは、利用者がどのような介護を受けながら生活していたのか伝え、家族が納得し、精神的にも肉体的にも利用者の死を受け入れ、立ち直り、正常な日常生活へ戻っていくことを支援していきます。グリーフ（悲嘆）は、利用者の死の前から始まります。亡くなる前から心を配ることで、家族のグリーフを小さくすることができるかもしれません。

　また、グリーフは、家族だけでなく、介護職員にも起こります。利用者が亡くなることで精神的なストレスを抱えすぎると仕事を長く続けることはできず、離職につながってしまいます。終末期における看取りに関する知識を体系的に学べる研修等、人の死を看取る介護職員の不安にも配慮することが大切です。

3　要件を満たした施設には「看取り介護加算」が認められます

（1）看取り介護加算

　平成18年4月の介護報酬改定において「看取り介護加算」が創設され、その人らしい最期を迎えるために、医師の指示による疼痛緩和等の処置を適切に行い、自宅や施設で静かに死を迎える看取りの考えが広がりました。その後3年ごとの改定で、看取り介護加算の見直しが行われています。毎回の報酬改定で厳しい減額が行われる中、看取り介護加算に関しては算定対象施設の追加や看取り介護加算の増額が示されており、介護施設に対する国の施策として看取りに関する機能・体制強化が期待されていることがわかります。

　介護保険の看取り介護加算とは基本のサービス料の他にサービス内容によって料金が増加することで、要件を満たせばサービス料に付加されて事業所の収入になります。平成27年度介護報酬改定で、看取り介護加算は利用者の死亡前4〜30日については1日144単位となりました。また、死亡前

日・死亡前々日は680単位、死亡日は1,280単位が加算されます。さらに、平成30年度介護報酬改定で、医療提供体制を整備し、施設内で実際に看取った場合には、死亡前日・死亡前々日に780単位、死亡日に1,580単位が加算されることとなりました。こうした加算が算定されると、利用者（および家族）にも1～3割の自己負担が発生します。

（2）看取り介護加算対象施設

　看取り介護加算の対象施設となるためには、厚生労働省の定める医療体制・介護体制を整備する必要があります。看取り介護加算が算定できる介護事業は、特養（特別養護老人ホーム）、グループホーム、特定施設入居者生活介護の三つの施設で、介護加算の対象となる施設の要件は次の通りです。

　①常勤の看護師を1名以上配置し、当該指定介護老人福祉施設の看護職員により、または病院もしくは診療所もしくは指定訪問看護ステーションの看護職員との連携により、24時間連絡できる体制を確保していること

　②看取りに関する指針を定め、入所の際に、入所者またはその家族等に対して、当該指針の内容を説明し、同意を得ていること

　③医師、看護職員、介護職員、介護支援専門員その他の職種の者による協議のうえ、当該指定介護老人福祉施設における看取りの実績等を踏まえ、適宜、看取りに関する指針の見直しを行うこと

　④看取りに関する職員研修を行っていること

　⑤看取りを行う際に個室または静養室の利用が可能となるよう配慮を行うこと

　また、平成27年度介護報酬改定では、施設における看取り体制の構築・強化をPDCAサイクルにより推進するという新たな要件が加わりました。

　PDCAサイクルのうち、Plan（体制の整備）段階では、「看取りに関する指針」の作成をはじめとした看取り介護体制を整備します。Do（看取り介護）段階では、利用者一人ひとりに対応した「看取り介護に係る計画」を作成し、

施設における看取り介護の体制構築・強化に向けたPDCAサイクル

体制の整備
・「看取りに関する指針」の策定
・入所者またはその家族等への指針の説明
・看取りに関する職員研修
・医師、看護職員（24時間連絡できる体制の確保）、介護職員（看護職員不在時の対応の周知）等の連携体制の整備
・個室または静養室の整備
・緊急搬送のための連絡体制の整備

看取り介護
・「看取り介護に係る計画」の作成
・入所者またはその家族等への計画の説明
・多職種連携のための情報共有（入所者の日々の変化の記録）
・入所者またはその家族等への文書による情報提供（説明支援ツールの活用）
・弾力的な看護職員体制（オンコール体制または夜勤配置）
・家族の悲嘆への援助

Plan　Do

Action　Check

体制の改善
・「看取りに関する指針」の見直し
・看取りに関する報告会の開催
・入所者およびその家族等、地域への啓発活動（意見交換）

振り返り
・看取り後のケアカンファレンス
・職員の精神的負担の把握と支援

出所：厚生労働省老健局

　それに基づく看取り介護を実施します。Check（振り返り）段階では、実施した看取り介護の検証を行うとともに、介護職員の精神的負担の把握と支援を行います。Action（体制の改善）段階では、Check（振り返り）の結果を踏まえて、看取りに関する指針の見直し等を実施し、看取り介護を実施する体制をさらに強化していきます。

　看取り介護加算の増額は、経営的には介護施設の報酬減を補うものにはなりませんが、今後の介護施設はこのようなPDCAサイクルを構築して看取り介護を実践しながら、利用者が最期まで安心して過ごすことができる終生の施設としての機能を強く求められていると言うことができます。

（3）介護職員の医療行為の範囲

　看取り介護では、介護職員は終末期を見据えて医療スタッフ、利用者、その家族とコミュニケーションをとる必要があります。普段は医療スタッフが医療行為を担っていても、医療スタッフ不在時や人手が足りないとき等、利用者に対して医療行為が必要となるケースもあるため、介護職員にとって、医療ケアや医療行為は避けられない業務になりつつあります。

　介護職員に許可されている医療ケアは、爪切りや口腔ケア、一部の褥瘡に対する処置などですが、有資格者や所定の条件を満たした介護職員であれば、経管栄養や痰吸引といった医療行為も許可されています。介護職員が経管栄養や痰吸引を行うためには、介護福祉士の資格（2015年度以降が対象）を取得するか、所定の研修を経て認定証を受理する必要があります。また、施設が登録事業者として認められていることも条件です。

　より充実した看取り介護を提供できるようにするためには、医療行為を実施できる介護職員の採用や既存介護職員の資格取得・研修の奨励による人材育成が大切になります。看取り時期には、介護職員の夜間配置を強化しましょう。

　看取り介護加算の創設と強化によって看取り介護を実施する施設は増えていますが、もともと看取りを想定していなかった介護施設で看取りをすることには難しさが伴います。

　看取り介護加算の対象施設が注意すべきは、介護職員の負担が増えることです。24時間体制の中、夜間に少人数で対応するには、戸惑いや不安が大きいでしょう。死を経験することが少ない核家族で育った若い介護職員の精神的苦痛はいかばかりかと心配になります。

　事業者としては、（2）であげた介護加算の対象施設となるための要件のうちの④の研修を充実させる必要があります。また、⑤の看取る場所の環境整備も必要になるでしょう。事業者の理念として、看取りをどのように位置づ

けるかを明確にしておく必要もあります。

　介護加算の対象とならない施設でも、事実上の看取り介護を行うことは可能ですが、利用者や家族がしっかりした医療・介護体制を望む場合は、看取り介護加算の有無が施設選定の基準の一つになると言えます。

4　生き方・死に方・祀られ方を考えましょう

（1）平穏死

　「特養芦花ホーム」の石飛幸三医師は2010年から「平穏死」を提唱してきました。「自然の摂理にまかせたら人は苦しまず、安らかに息を引き取ることができます。その人自身の持っている生命力に寄り添いながら自然なかたちで迎える死、それが『平穏死』です」としています。

　食べられない高齢者には胃ろうをつけて栄養を取らせるのが常識となっていた頃ですが、この後、胃ろうをつけて生きることへの疑問が語られるようになり、多くの人たち、そして医療関係者の常識も変化してきました。

　救急車で病院に運ばれたとしても、救急医は家族に気管挿管、心臓マッサージなどの延命処置を望むかどうか問うようになっています。つい最近までは、「救急車で運ばれてしまったらそのまま死ねない（だから、呼んではいけない）」などと、まことしやかに語られていました。燃え尽きようとしている高齢者を延命処置で生かすことの意味が問われる時代となっています。

　注意すべきは、高齢者の健康状態や老化の状況は、人によって千差万別であること、年齢や病気でひとくくりにはできないことです。平穏死に向かうにしても、本当に回復が望めない状況なのかどうかは個別に確認する必要があります。

（2）人生会議

　厚生労働省が啓発している「人生会議」（アドバンス・ケア・プランニング：ACP）は、回復の見込みがなく死期が迫る終末期にどのように過ごしたいか、

事前に家族らと話し合うものです。この人生会議を持つ機会ができると、介護の計画も利用者に寄り添うものになります。しかし、既に利用者の認知機能が低下しているため話し合いが難しい場合や話し合いをするべき利用者の信頼する友人・家族がいない場合も多いでしょう。

　厚生労働省が人生会議を推奨する背景には、高齢者の終末期における医療費が膨れ上がっているという現実があります。終末期の医療介護を本人が希望する形にすると建前を言いながら、延命治療等を取りやめ、医療費の増大に歯止めをかけたいという本音があるのです。厚生労働省のサイトが炎上したり、ポスターが非難されて撤回されたりするのは、そういった本音が透けて見えてしまうからでしょう。

　厚生労働省の方針も正しいのかもしれません。ですが、その風潮の中、回復する見込みのある人が、そのチャンスを逃してしまうことにならないよう配慮しなくてはなりません。筆者も一定の年齢以上の高齢者に対する高額医療サービスは提供しないという考え方や施策に賛意を表します。ただし、利用者やその家族がこうした考え方の流れに押され、本当は望んでいる延命処置や医療・介護をあきらめてしまうことがないよう注意しなくてはいけないとも考えています。

（3）生き方・死に方・祀られ方

　「ピンピンコロリで死にたい」という希望をよく聞くようになりました。要介護状態になってまで生きていたくないという意味でしょう。もともと、飢饉のような特殊な時期でなければ、長生きはお祝いすべきこととされてきました。しかし、昨今は長生きは疎まれるような風潮があります。これは、平穏死のところでも語ったように、枯れるべき生命にお金をかけて、無理に生かしてしまっているからかもしれません。

　人生会議は、回復の見込みがなく死期が迫る終末期において、どのように過ごしたいかを事前に家族らと話し合うものです。これをさらに進めて「生

き方・死に方・祀られ方を考えましょう」と提案していただきたいのです。

　これからの社会で長生きするのが、良いことか悪いことかはわかりません。しかし、要介護状態にならなければ、長生きは喜ばしいものであるはずです。残念ながら要介護状態になったとしても、医療や介護サービスにより維持できる活動があるし、悩みごとの解消も可能です。治らない病気とはうまく付き合い、新たな病気にはなるべくかからず暮らしていきたいものです。

　利用者や家族が平穏死についてどう考えているか確認し、人生会議を繰り返して、生き方・死に方の希望を共有し、最後の祀られ方も話し合っておくといいでしょう。「○○家の墓」がどこかにあったとしても、未婚と少子化で子や孫がおらず、○○家が続いていくことを想定できないケースが多くなってきました。関係する人に負担が少ない祀られ方も語られるべき時代になっています。

　利用者や家族との間で、生き方・死に方・祀られ方が話題にできていると、看取りの場面を迎えても精神的な負担は軽くなり、落ち着いて笑顔で見送ることができるはずです。

第11章 失敗しない介護事業

　本章では、ここまで展開してきた介護事業運営へのアドバイスをもとに、皆さんの事業所が失敗しない経営と運営を実施しているかどうかチェックしていきましょう。

1 事業所の理念が「見える化」されていますか

　現代では、どの企業でも理念やビジョン、行動指針が大切であると考えています。第1章で説明した理念と戦略（勝利条件）、行動指針と戦術が策定されていますか。こうしたものを策定する際、介護事業では特に「使命」を明確に打ち出すほうがわかりやすいと説明しました。

　既に策定しているのであれば、この機会に見直してみましょう。理念は変わらないかもしれませんが、戦略と行動指針、戦術は常にチェックが必要です。時代の変化を前提にPDCAサイクルを回しましょう。介護事業の場合、少なくとも3年ごとの介護保険の制度改正の際には必ず見直しが必要です。

制度改正のあと、戦略や戦術に大きな変更を余儀なくされるリスクがあるのが介護保険事業です。

第2章でも説明したように、介護事業には「事業センス」と「福祉センス」がバランス良く必要です。理念はこのバランスが職員と利用者・家族に理解されるように言葉で「見える化」しましょう。

理念や戦略・戦術の策定が中途半端になっているのなら、この機会にきちんと策定しましょう。経営者や経営幹部が策定することが多いですが、プロジェクトチームをつくって現場のリーダーたちも巻き込むことで、組織全体に理念や戦略・戦術を徹底するやり方も考えられます。経営者から押しつけられたものではない理念や戦略・戦術は、組織の一体感とロイヤリティを高めます。

理念や戦略・戦術は職員にも共有してもらわなくてはいけません。研修や面接等で必ず伝えましょう。理念など利用者や家族、利害関係人にも伝わったほうが良いものは、事業所での掲示やホームページへの掲載など、内外に告知する必要があります。

理念や戦略・戦術がしっかり運営に活かされれば、事業の価値と評価は高まり、離職率は下がるはずです。

2　辞めたいと思われない事業所にしましょう

介護事業の人手不足はこれからも続きます。重要なのは、どう採用するかより、いかに辞めさせない職場にするかです。

現状は人が足りない、良い人がいないということで、採用活動にかける費用は増えるばかりです。さらに採用したとしても、研修して仕事に慣れてもらうためには相応の時間や労力、費用がかかります。職員が辞めなければこれらの費用を職場環境や処遇の改善に使い、研修する側の時間と労力を削減できます。その結果、辞めたいと思われない職場になるという好循環が期待

できます。

（1）ご機嫌な職場

第4章に、「ご機嫌な職場」をつくるための次の三つのポイントが提案されています。

・過重労働の防止

・公正・公平な人事処遇制度

・マネジメント層の教育

過重労働はいまや論外ですが、介護職員が仕事を辞めた理由の一番に、職場の人間関係があがっています。公正・公平な人事、つまり同僚と比較して自分の処遇が明らかであり、管理職の好き嫌いで処遇が違うことがないようにしなくてはなりません。そのために、人事評価の仕組みとマネジメント層の教育が必要になるのです。第2章の5で述べた「人材活用センス」を発揮しなければいけません。

（2）採用時の注意

職員を辞めさせないことが第一ですが、それでも家庭環境や結婚・出産・育児という理由での離職や長期休暇、時短勤務等は発生します。また、組織活性化のためにも新規採用は必要になります。

新卒採用であれば、専門学校とどのくらいつながりがつくれているか、求人票は送っているか、中途採用であれば、経験者、未経験者のどちらがターゲットなのか確認します。

第4章の1（2）に記載したアドバイスをもう一度振り返ってみてください。ウェルカム儀式と導入研修は実施していますか。いきなりOJTはやらないでください。そして、スマホ対応のホームページなしに募集をしないでください。

（3）研修の重要性

「事業所の理念」が大切なのは前述した通りですが、その前提が欠けてい

る職員も多く見受けます。介護事業所なのに、「介護の理念」が職員に理解されていない場合があるのです。介護とは何か、どのようなサービスか、介護職員はどうあるべきかを指導していますか。そして、管理職は職員を指導できるだけのレベルにあるでしょうか。再確認してみましょう。

3　事業に必要な経営の基礎をおさらいしましょう

　措置時代のイメージのまま、介護事業を運営する事業者や介護職員は多いでしょう。介護に利益優先の考え方はなじまないと考える人も多いかもしれません。もちろん、大幅な利益を出す必要はありませんし、そもそも介護保険の仕組みでは大幅な利益を出すことは難しいと思います。しかし、どんな法人でも一定の利益がないと事業が続けられません。そのためには、経営の構造を知る必要があります。

　商品を製造販売する事業の場合、倒産しても消費者は他の商品や代替品を選択することが可能です。しかし、介護事業の場合は、継続できない事業者が出てしまうと、介護が必要な人へのサービスが滞ってしまいます。すぐに同様のサービスが受けられない場合、命にかかわることにもなりかねません。事業を続けなければいけないということは、利益を出し続けなければいけないということです。介護事業に失敗しないために、第5章を何度も読み返してください。

　もう一つ注意しなくてはいけないのは、訪問介護や訪問看護のように、介護・看護人材が確保できれば利用者数に限りのないサービスもありますが、住宅系施設やショートステイ、デイサービスなど、部屋数や定員に限りがあるサービスも存在することです。そのため、これらの事業ではあるレベル以上の売上にはなりません。損益分岐点を高めに設定しすぎると、入居率や稼働率が低くなった際に、利益がマイナスのまま推移する危険性があります。無理な利益率や入居率・稼働率を前提とした事業計画を立ててはいけません。

4 「今そこにあるキケン」を察知しましょう

第6章では、危機管理についてアドバイスしました。介護事業は介護が必要な利用者のための事業です。転倒、誤飲、徘徊、病気の急変などが起こる可能性が高い職場です。当然、対策は講じているはずですが、それでも事故は起こるものです。できるだけ発生を防ぐ対策を実施すること、発生したときには素早く対応すること、発生後の検証とさらなる対策を策定・実施することが必要になります。

気候温暖化が原因と思われますが、日本でも自然災害が増加しています。介護が必要な高齢者は、災害から逃げることにも物理的制約があります。どのように逃げるのか、逃げられないときの次善の策もマニュアル化する必要があります。それぞれの薬や特殊な食事の調達方法も考えておく必要があります。

（1）失敗学

NHKドラマ「ジコチョウ」は失敗学の教授が「私、失敗しちゃった」とつぶやいてから事故を鮮やかに解決していくストーリーでした。残念ながら事故は起きてしまいます。その事故の本当の原因の追究と再発防止が大切なのだという内容でした。

介護の現場は命にかかわる業務も多いので失敗は許されないと考えてしまいがちですが、だからこそ失敗を前提とした取り組みが必要になります。

第6章のアドバイスにあるように、再発防止の取り組みを失敗の犯人捜しにしてはいけません。人員不足、研修不足、不適正な配置、介護動線の不備など、個人の責任ではなく、会社や事業運営そのものに潜む問題点を探してください。

（2）電気と水のない生活

大ヒットしたアニメ映画「天気の子」では、雨が降り続き東京の半分が水没してしまう風景を描いていました。ヒットした後、日本は大雨、台風、強

風で土砂崩れや洪水、高波などの大きな被害に見舞われました。物語の中ではなく、現実に危機が迫ったことを実感した人も多いのではないでしょうか。

まずは、自分が生き残らなくてはいけません。そのうえで、職員と利用者を守らなくてはいけません。ハザードマップから自分たちの住む町、働く職場がどんな災害を受けやすいのかを再度チェックしてみましょう。そして、そこで想定される災害発生時の対策を考え、避難訓練を実施する必要があります。避難訓練には、災害時だけではなく日常的に災害に対する意識を高める効果もあります。利用者の身体状況、職員の理解と能力を再確認する機会にもなるでしょう。

災害時は直接的な被害がなくても、インフラに影響が出る可能性があります。電気と水のない３日間の生活を思い描いてみましょう。明日、強い風が吹いて電信柱が倒れたら、職員も職員の家族も介護サービスの利用者も、電気と水のない生活を強いられることになるかもしれないのです。

経費が足らずに備蓄品が用意できていなかったとしたら、経費の使い方が間違っていると考えましょう。やるべきことの順番を間違えないでください。自分、職員、利用者、人を失えば、事業の継続はありえません。

5　アピールする相手を間違えてはいけません

第７章でマーケティングについての助言をしました。これからの介護事業所には「キラリと光るサービス」が求められます。すぐにブルーオーシャン戦略をとるのは難しいと思われるなら、赤い海で溺れないことが大切です。

まっとうな仕事を確実にやることで、他の事業所との差別化ができる可能性もあります。利用者を紹介してくれるケアマネジャーが、自法人の事業所をまっとうな事業所だと思ってくれていれば、負けることはありません。

事業所の立地、対象となる利用者の属性（所得階層と要介護状態等）を再確認してみましょう。提供しているサービスと利用者の属性にずれはありま

せんか。何年か経つと地域が高齢化していたり、にぎわいのある中心市街地が移動したりしている場合もあります。当初の想定と変わっていたら、介護サービスの変更も検討しなくてはなりません。

　一般的な商品・サービスと介護サービスとではプロモーションの方法が違うのは、第7章に書かれている通りです。何から始めたらいいか迷うようなら、地域の居宅介護支援事業所、地域包括支援センター、医療機関を回りましょう。情報交換、情報共有と称して、職員の訪問に対するハードルを下げてもかまいません。

　介護サービス事業の場合には、広域の宣伝（マス広告）にはほとんど効果がありません。ただし、ホームページなどWeb媒体は充実させる必要があります。口コミで知った情報は、必ずWeb媒体で確認されるからです。なお、意図しなくてもWeb媒体は広域が対象になりますので、遠隔地の家族が介護事業者を確認したい場合や介護が必要な父母などを呼び寄せたい場合にも対応できます。

　自法人の事業所のサービスをアピールする相手は、利用者と家族だけではありません。利用者と家族に説明して決断を促してくれる近隣の機関、地域包括支援センターや居宅介護支援事業所、医療機関へのアピールも重要です。近隣機関への訪問やイベントの共催などが大切になるのです。

6　いつもやっているから、そのままでいいのでしょうか
（1）人がやらなくてもいいこと

　介護サービスは、介護職員が提供する対人サービスが中心になります。介護の手法は人が提供することが前提になっていますし、現場で見聞すること、指導されることも同様でしょう。もちろん、リフトや介護浴槽といった機器を導入し、介護職員の負担を軽減するやり方もあります。

　第8章で語られているように、それらの機器が現場で有効に使われている

かを検証すべきです。そして、人がやらなくてもいい作業がないか考える必要があります。

　例えば、事業所では利用者が着る洋服や下着に名前をつけてもらいます。共同の洗濯場で洗濯した後に他の人との取り違えがないようにするためです。取り違えないよう別々に洗濯機を回している事業所もあるでしょう。そこで、単価の安くなったICタグを使った選別を考えてみてはどうでしょう。

　業務を「人がかかわるべきもの」と「機械やシステムで代行可能なもの」に仕分けしてみましょう。そして、人がかかわるべき業務は介護の有資格者がすべき業務と有資格者以外でも可能な業務に分類しましょう。介護サービスを提供するのは介護のプロである介護職員です。それ以外の業務は機械やシステム、介護資格のない職員に任せ、外注することも考えるべきです。機械やシステムの導入、外注には費用がかかりますが、介護職員の負担が減り、ご機嫌な職場がつくれれば、介護職員のロイヤリティが向上し、離職率の低下につながります。長期的な視点で費用対効果を考えてみましょう。

（2）これは介護サービス？

　業務を仕分けする中で、利用者に提供しているサービスが介護保険上の介護サービスなのか、それ以外のサービスなのかも考えてみましょう。

　介護保険外のサービスを提供しているようであれば、それは保険外のサービスとして対価を請求すべきものです。住宅型有料老人ホームやサービス付き高齢者住宅では、住宅費や賃料以外にサービス費等の名目で介護保険外のサービスを提供している場合があります。

　この場合、職員と利用者やその家族にどこまでが介護保険のサービスであり、サービス費等の名目ではどのようなサービスが提供されるのか明らかにする必要があります。明示されたサービス以外のサービスが提供されていれば、その分は別の形で利用者に費用負担してもらい、そうしたサービスが提供できないなら、その旨伝えておかなくてはいけません。

コラム　話題の取り組み5
駄菓子屋のあるサービス付き高齢者住宅

　「小1の壁」は、ワーキングマザーにとって頭の痛い問題です。学童保育施設は大幅に不足していて、公的サービスでは預かり時間が短く、民間では金額が高くなります。塾は学童保育所と同じような機能を持っているわけではありません。

　そんな中で「銀木犀」というサービス付き高齢者住宅が、小中学校の生徒たちのたまり場になっています。学校が終わると生徒たちが共有スペースに来て、勉強したり遊んだりしているのです。そして、楽しみの一つは「駄菓子屋」です。

　高齢者に懐かしい駄菓子が、子どもたちにも人気なのです。ふと見ると、店番には利用者の高齢者。駄菓子屋におばあさんの店番とは、昭和の時代のようですが、「銀木犀」では当たり前の風景です。商品仕入れやお金の管理には手間がかかるものの、子どもたちにも利用者にも大変好評だそうです。事業所にもよりますが、1日200人のお客様があるところもあるとか。

　一度、「銀木犀」を見学するのもいいかもしれません。店番をする利用者の生き生きとした応対や地域の子どもたちが違和感なく活動している状況は他の事業所にも何かヒントになることがありそうです。

　団塊ジュニアが高齢化する時代には、お金の問題だけでなく、サービス供給体制が極端に不足します。あいまいな形で包括的なサービス提供を実施していると、良かれと思って提供していたものが提供できなくなり、マイナスの評価となってしまいます。明確にしていればマイナスの評価を受けないばかりか、プラスのサービスを提供したことによる正当な対価を獲得することが可能になるのです。

7　その地域にこそ咲く花となりましょう

　第2章で、介護事業経営には「地域センス」が必要だと提言しています。事業の前提としての地域センスは、事業を始めた後も大切になります。地域の環境や状況は常に動いているからです。ショッピングモールが開設した、あるいは撤退したという状況や、商店街で廃業が続いている、コンビニエンスストアが新規に開業したなどということがあれば、人口や構成比、人や車の動線などが変わってきます。

　地域の人口動態を大きく動かす開発があるかもしれません。状況によっては経営戦略や戦術を変更しなくてはならなくなりますので、そうした情報をキャッチする必要があります。難しいことをする必要はありません。市町村の担当セクション、地域包括支援センター、居宅介護支援事業所、医療機関を訪問することです。日常の忙しさにかまけて、この訪問活動をおろそかにしてはいけません。地域包括ケア構想が進んでいますが、これもこの活動の延長にあるものです。自法人の事業所が地域包括ケア構想のどの部分を担うのかについて、法人の内外で意識を共有しなくてはなりません。

　介護事業の特徴は、商圏とする地域が事業所ごとに限定的であり、その範囲に連携すべき機関があり、利用者や家族、事業所の職員がいることです。都心のオフィスに通勤するサラリーマンとは違い、すべての関係者や機関が地域に根ざしているのです。

　前述したように、介護事業では広域の宣伝は必要なく、一番効果があるのが口コミや紹介です。利用者や家族、あるいは地域の関係機関や自法人の職員から発せられる評価が、事業の継続を左右します。このことを踏まえ、地域に開かれた事業所として、地元と共催するイベントや共同企画等を考えていきましょう。地域との共生をいかにより良い形で実践できるか、経営者・管理者の手腕が問われるところです。

付記　介護事業所の感染症対策 ── コロナ禍に考える

　2020年春、新型コロナウイルス感染が世界的に拡大し、人々の生活や経済に大きな影響を及ぼしています。介護業界への影響も大きく、いくつかの介護事業所でクラスターが発生しました。ここでは、本文に付記する形で、新型コロナなどの感染症への介護事業所の対処の仕方について、いくつか提言させていただきます。

1　コロナ禍の介護事業所へのインパクト

　2020年春に起きたコロナ禍が介護事業経営・運営へ及ぼしたインパクトは、以下の点に整理できます。

- ・物資不足（マスク、アルコール等）
- ・感染予防対策の強化による運営環境、手順の変更
　例）通常業務の負荷増
　　　家族などの訪問・面会の禁止
　　　ボランティアの停止
　　　三密を避けるための対応（会議、研修などの停止、時差出勤など）
- ・風評被害の予防と対策
- ・利用者意向による利用控え
- ・発熱などの症状が検知された利用者に対する利用の中止要請
- ・家族の休校や在宅勤務に伴う職員の勤務への影響
- ・地域の医療崩壊、医療資源逼迫などによる影響
- ・職員や利用者に濃厚接触者が発生した場合の対応
- ・職員や利用者に感染者が発生した場合の対応

　これらに伴い、利用者がサービスを利用する際や事業所がサービスを提供する際に、多かれ少なかれ困難が生じました。

　物資不足については、今後備蓄の量の見直しが図られる必要がありますが、コロナ禍に関しては、マスク、アルコールの不足を予想して、備蓄を増やした事業所は多かったようです。しかし、予想を上回る品不足の長期化が起こったうえ、予想していなかった物品の入手が困難になりました（トイレットペーパーなど）。

　このように、備蓄品、備蓄量の最適化の難しさが露呈しました。ただ、かさばるものについては、スペースの問題があり、そもそも備蓄には限界があったと思われます。

2　今後の対策

（1）平時の対策（予防策）

　いつになればウィズコロナ（コロナ感染のリスクとともに生活する）からポストコロナ（コロナ感染がワクチンや治療薬により鎮静化する）の世界に変わるのか予想は困難ですが、コロナ禍を経験して、今後、人々の意識や生活は大きく変化していくでしょう。

　マスク一つとっても、従来マスクを好まなかったアジア以外の諸地域の需要が大幅に増加することが予想されるため、使い捨てのサージカルマスクから他の素材のマスクへの移行、あるいは備蓄が必要になるでしょう。このような変化は、事業所として想定しておかなければなりません。

　ウィズコロナの状態が続いているうちは、感染予防策のレベルも大きくは落ちないことになりますが、いつか必ず、コロナとは別の新しい感染症が出現します。そして、その感染症が空気感染するとしたら、コロナの比ではない事態になります。

　感染予防対策は、一事業所の問題ではなく、国を挙げてのことになりますので、標準予防策（スタンダードプレコーション）に従い、またそれも改定されることを前提として、最新の知見を現場で実践する力を持つ必要があります。

　同時に、現実として感染予防は職員の私生活にも及びます。職員の私生活の制限は異論が多い部分ですが、事業所で遵守すべきルールをつくり、運営していく必要があるでしょう。例えば、生牡蠣を食さないことが、介護職員として当然であるかどうかは、意見が分かれると思います。しかし、今後はその種のルールを職務規定等に盛り込む必要すら出てくるかもしれません。

　感染予防と相まって、今後より重要になるのは、利用者と職員の健康管理です。新型コロナウイルスについても、既往症や健康状態、三密などの環境によって、重症化しやすいことが指摘されています。おそらく、今後の新種も含めたすべての感染症に関して、低い健康状態や劣悪な生活環境は、免疫の側面から見てもリスク要因になるでしょう。したがって、経営・運営の安定性は、利用者と職員の健康管理がカギを握っていると言っても過言ではありません。

　従来、介護事業では、夏は食中毒、冬はインフルエンザとノロ対策に重点が置かれてきました。新型コロナや今後の新型感染症が季節性のものになるのかどうかはわかりませんが、そうでないことを想定した予防策を考えるべきでしょう。

　とはいえ、事業所への訪問・面会の謝絶やボランティアの禁止などが永遠に続くとなれば、それはもう介護事業所ではなくなると思われます。一方、私見では、負担にならない程度の来訪者の体温チェックや季節を問わず手洗いやうがいをすることなどは継続してもいいと思います。

　以上が今後、考えなくてはならない予防策の全体像です

（2）有事の対策

　次に、実際に感染が拡大した場合の対策を考えてみます。感染拡大が介護事業所の運営に困難をきたすケースは、物資不足を別にすれば、大きく次の二つに分けられます。

①事業所に感染者が発生していない場合

　この場合、困難をきたす要因にはさまざまなものがあります。コロナ禍で

私が見聞きした例を挙げてみると、次の通りです。

- 職員が濃厚接触者（疑いを含む）になり、2週間（あるいは陰性とわかるまで）勤務できない（シフトが組めない、回らない）状態になった。
- 職員から、濃厚接触ではないが身近に感染が疑われる人が出たので、はっきりするまで休みたいと言われた（自分が感染させたら困る）。
- 家族の休校や在宅勤務により、働き方を変えたり、退職を余儀なくされる職員が出た。
- 職員から、自事業所の職員や利用者に感染者が出たら（うつると怖いので）退職したいという申出があった。
- 地域の医療が円滑に稼働せず、利用者の急変時などに医療を受けられなかった、受けにくかった。
- デイサービスやショートステイの利用時に発熱が認められ、利用を断らざるをえなかった（独居の人の利用を断っていいのか疑問である）。

これらのケースにどう対応すべきかは、事情にもよりますが、基本とすることは、次の2点だと思われます。

- 外部の正確な情報の周知（職員、利用者・家族へ）
- 内部の情報の発信・公開（職員、利用者・家族、行政、支援事業所など関係機関へ）

言い古されていることですが、災害などについては、「正しく怖がる」ことが大事です。そのため、職員や利用者・家族に対する正しい知見に基づく情報の周知が必要になります。ただし、新型コロナのように、専門家や学識者の間でも意見が分かれている場合、介護保険制度下の事業であるという特性を前提に、厚生労働省や各行政機関の指示に従うことが基本になります。各種の行政文書をわかりやすく、迅速に周知する必要があるでしょう。

また、自事業所で感染が疑われる場合や職員や利用者が濃厚接触者に該当した場合など、プライバシーに配慮しながら正確な情報を公開することが、風評被害を防ぎ、関係者の動揺を防ぎます。

　デイサービス、ショートステイ利用者の発熱に関しては、担当のケアマネジャーと速やかに連絡をとり、対応策を考えるべきですし、医療アクセスが困難になっている状況を家族等に前もって説明しておく必要があります。

　つまり、現場にできることは限られており、その中で最善を尽くしていることを内外に伝えるよう意識することが重要なのです。理由はともあれ、事業所の運営が難しくなれば、家族も不安でセンシティブになる傾向があるので、クレーマー化させないための手を打っておくイメージです。

②事業所に感染者が発生した場合

　次に、実際に感染者が発生した場合ですが、私の見聞きした限り、各地方行政、保健所の指示、対応、解釈が統一されておらず、また、同じ地方でもその中の地域により状況も違うため、現地の行政の指示に従うしかなかったようです。

　例えば、利用者（ショートステイも含む）に感染者が出た場合など、地域の医療資源の状況と本人の状態によって、入院なのか自宅に帰るのか、短期入所継続を要請されるのかが変わってきたと聞きます。

　２週間、防護服の着用での勤務を指示された特養（特別養護老人ホーム）もありました（関係者の尽力で、防護服を何とか調達したと聞きました）。個人的には過剰な指示とも思われますが、そうとも言いきれません。

　新型コロナ禍は、世の中がグローバル化して初めて迎える世界的感染症の経験です。したがって、適切な対応については政治レベルでも、行政レベルでも、現場レベルでも手探りと言わざるをえません。これから、さまざまな経験、知見をもとにして、社会レベル、世界レベルで対応や対処を学んでいかなくてはならない事態です。

3　危機時に問われる平時のチーム力

　最後に申し上げたいのは、「危機のときに問われるのは、平時のチーム力である」ということです。想定をしておくのはもちろん必要なことですが、

想定を超えたとき、マニュアルがない事態に対応する力は、平時にチームとして機能している組織が圧倒的に強い印象があります。

　新型コロナ禍では、パンデミック（世界的感染）と同時にインフォデミック（ネットで噂やデマも含めて大量の情報が氾濫し、現実社会に影響を及ぼす現象）が起きました。トイレットペーパーの買い占めに象徴されるように、デマによる一部の過剰な行動は、行動を控えた人々も巻き込んで、パニックにつながることがわかりました。日頃から、組織の情報リテラシーを高めておく必要性が痛感されます。近隣の医療機関と関係事業所の各種リテラシーを把握しておくことは、重要なようです（言葉は悪いですが、事業所から「ポンコツケアマネに振り回された」という愚痴を多く聞きました）。

　普段からきちんと利用者と職員の衛生管理、健康管理に努め、情報公開、伝達（本当の意味でのコミュニケーション）ができている事業所は、困難に遭っても、混乱や破綻には陥らないように思われます。そのような事業所にするために必要なのは、平時の組織力を高めておくことであり、具体的には次の3点に集約されます。

　・日常の情報の伝達・共有方法の確立、精緻化
　・インフォデミック防止対策の確立（情報の出所の精査と提供のスピード）
　・上記を担うための組織構成メンバー同士の信頼感の醸成

　読者の事業所が、コロナのような感染症の被害に遭わないよう祈っていますが、同時に、新型コロナ禍から学ぶことの大事さを、今一度強調しておきたいと考えます。

あ と が き

　経営に失敗しない方法は、ミスをゼロにすることでもなければ、増収増益を続けることでも、業界首位になることでもありません。日々、困難や障害、大小のミスやトラブル、経営環境の変化や悪化、人手不足や資金不足などに立ち向かっては乗り越え、あるいはやり過ごして、事業の息の根が止まらないよう顧客にサービスを提供し続け、職員を雇用し続けることです。つまり、「つぶれない法人」にすることです。

　つぶれない法人とは、顧客が、職員が、出資者が、そして世間（社会）が「つぶさない法人」とも言えます。現実的に考えてみても、既に多くの顧客がいて、職員は優秀、誠実で、出資者から信頼され、社会的評価が高い法人が経営困難から倒産に至るのは、よほど大きな戦略ミスか戦争や大災害による場合しか思いつきません。

　そして、そのような法人は、苦境に陥っても、立ち直ることが可能です（現在では、民事再生やM&Aなど、事業存続の手法も多様化しています）。また、そもそも人はミスを犯すものです。健全な経営や健全な職場には、ある程度の失敗を許容する資金的余裕や人間的寛容さがなければなりません。

　本書は一貫して、次のような考えをベースに書かれています。

　・当たり前のことを当たり前に行う。
　・自他の失敗に学ぶ。
　・時代や社会に適応する。
　・人を大事にする。

　介護事業はまぎれもなく社会資源であり、需要のある地域における事業の存続は社会的使命です。例えば、特養（特別養護老人ホーム）で100床のベッド数が認可されるということは、その地域における100床ベッドという社会資源の活用とマネジメントを任されるという意味でもあります。任された社

会資源の有効活用は事業所の責務であり、人事管理や採用の失敗で人員不足になり、ホームを閉めなければならないとしたら、責務を果たしていないことになります。

　同時に、日本社会における生活のあり方は多様化し、国家自身が介護サービスを担うことはできない（するべきではない）という判断が、介護保険制度（市場原理の一部導入と規制緩和）創設の一つの根拠にもなりました。生活の多様化とは、良い面をとらえれば、生活の自由度が増したことであり、悪い面をとらえれば、生活の格差が拡大したということでもあります。

　生活の多様化は、サービスに対するニーズを多様化させます。多様化したニーズに応えるには、行政的なやり方はそぐわず、多様な提供主体が要請されます。これは、教育や医療に私立がある理由の一つです。一方、福祉は、憲法上の問題もありますが、多様性よりもセーフティネットの構築が急がれますので、行政が主体になり、多様性への対応はその次に位置づけられます。

　介護とは、看護、医療、公衆衛生の一部を取り込む形で、福祉から独立した概念です。そのため、介護保険全体では、行政、社会福祉法人、医療法人、営利企業、NPOなど多様な提供主体の参入を許し、また歓迎しています。

　福祉と違い、介護のサービス提供主体は、原則的に（補助、助成があるとしても）市場原理に基づき、自らの判断と責任において、事業の経営や運営を行わなければなりません。同時に、一般の企業よりもはるかに高い公的使命、社会インフラとしての役目を担うことになります。

　つまり、介護事業には、業界全体として多様なニーズに応え、需要に応じて安定的かつ良質なサービスを持続的に供給することが求められているのです。一つひとつの事業所はその一翼を担うプレーヤ　であり、市場では競争相手であると同時に、地域では協力関係や供給の分担（棲み分け）を行っています。

　少子高齢化、上向かない景気など環境が厳しさを増す中で、社会インフラとしての介護サービスの持続可能性には、各事業所の経営能力・運営能力が

大きく関わってきます（利用者がいるのに、地域の介護事業所が経営ミスなどでバタバタつぶれたら供給不足になり、その地域の生活が破綻するのは目に見えています。いわゆる「介護難民」の発生です）。

　行政の指導や規制があるとはいえ、介護事業の経営や運営は、経営主体の自己責任で進められるべきものです。しかし、介護事業の破綻は直接的な利用者、家族、職員、出資者だけでなく、社会的にも大きな影響を与える事実をあらためて認識すべきでしょう。

　本書では、先進的、画期的な事例も一部取り上げていますが、あくまでも堅実で良質な事業、当たり前のことを当たり前に実践していく経営や運営のあり方を紹介しました。

　富裕層、低所得層、重度者、軽度者など、介護には多様なサービスのニーズがありますが、普遍的なケアのニーズ、つまり生活障害の解消（生活上の困りごとの解消）やQOLの維持・向上、健康と安全の確保などについては、相当量の知見や方法論、ノウハウが蓄積されてきています。

　それら現時点での当たり前を、当たり前に実践することの大事さを再度強調して、あとがきにしたいと思います。

2020年6月

編著者代表　高頭晃紀

編著者・著者等紹介

監修	株式会社日本ケアコミュニケーションズ （NDソフトウェアグループ）
編著者	高頭晃紀（たかとうあきのり） 株式会社日本ケアコミュニケーションズチーフコンサルタント、介護福祉経営士 ●主要著書：『今日から使えるユニットリーダーの教科書』、『100の特養で成功！「日中おむつゼロ」の排せつケア』（以上、メディカ出版）、『介護現場のクレーム・トラブル対応マニュアル』（ぱる出版） ●執筆担当：まえがき、第1章、第8章1、付記「介護事業所の感染症対策 ——コロナ禍に考える」、「失敗に学ぶ」、あとがき
	小松浩一（こまつひろかず） 株式会社三越伊勢丹ホールディングス勤務、中小企業診断士、一級販売士、福祉住環境コーディネーター、東京販売士協会副会長 ●主要著書：『福祉ビジネス 見えてきた巨大マーケット』（日本評論社）、『人を動かすファシリテーション思考』（ぱる出版） ●執筆担当：第2章
	佐藤裕二（さとうゆうじ） 合同会社MYProject代表社員、中小企業診断士、社会保険労務士、CIA公認内部監査人、宅地建物取引士、一般社団法人東京都中小企業診断士協会中央支部副支部長、株式会社学研ココファン創立メンバー ●主要著書：『業種別経営改善計画の作り方』（共著、ぎょうせい）、『業界審査事典』（共著、きんざい） ●執筆担当：第9章、第10章1・4、第11章、コラム「話題の取り組み」
著者	松本典子（まつもとのりこ） TEPE代表、経営コンサルタント、中小企業診断士、事業承継マネージャー ●執筆担当：第3章

著者	橘川協平（きつかわきょうへい）
	株式会社ウェルク代表取締役社長、中小企業診断士、第三者評価者（東京都・神奈川県・埼玉県） ●執筆担当：第4章
	大場勝仁（おおばかつひと）
	インフィック株式会社COO・取締役副社長、中小企業診断士、介護支援専門員、BCP指導員 ●執筆担当：第5章、第8章2・3
	肥田克洋（ひだかつひろ）
	中小企業診断士、介護支援専門員、介護福祉士 ●執筆担当：第6章
	的場秀夫（まとばひでお）
	株式会社日本ケアコミュニケーションズ勤務、中小企業診断士、ICF認定コーチ（PCC）、情報処理技術者試験PM取得、介護福祉経営士 ●主要著書：『老舗の強み』（共著、同友館）、『未来を考える君へ』（共著、アメニモ） ●執筆担当：第7章
	福永真美（ふくながまみ）
	中小企業診断士、ダイバーシティ・コンサルタント、女性活躍推進アドバイザー ●執筆担当：第10章2・3
協力	一般社団法人東京都中小企業診断士協会認定福祉ビジネス研究会
編集協力	北村有（きたむらゆう）
	ライター・編集者/Twitter @yuu_uu_

2020年7月30日　第1刷発行

これで失敗しない！ 介護事業の経営・運営ノウハウ
人事・財務・危機管理・マーケティング・認知症対応 etc.

監修　株式会社日本ケアコミュニケーションズ
（NDソフトウェアグループ）

編著者　高　頭　晃　紀
　　　　小　松　浩　一
　　　　佐　藤　裕　二

発行者　脇　坂　康　弘

発行所　株式会社同友館
東京都文京区本郷3-38-1
TEL：03（3813）3966　FAX：03（3818）2774
URL　https://www.doyukan.co.jp/

落丁・乱丁本はお取り替えいたします。　　　印刷：ライトラボ／製本：松村製本
ISBN 978-4-496-05485-3　　　　　　　　　　Printed in Japan